LA FORCE DU MOU

Géraldine Mosna-Savoye, titulaire d'un master en philosophie politique, est chroniqueuse dans *Les Matins de France Culture* et déléguée des *Chemins de la philosophie*. Elle est l'autrice de *Carnets de philo* (Michel Lafon, 2021).

GÉRALDINE MOSNA-SAVOYE

La Force du mou

LES ÉDITIONS DE L'OBSERVATOIRE

ISBN : 978-2-253-19580-1 – 1re publication LGF

Introduction

J'ai passé la majeure partie de mon existence allongée, vautrée, avachie. Contempler le bout de mes pieds, étendue sur mon lit, est l'un des souvenirs les plus forts de mon adolescence. Aujourd'hui encore, cette image me revient presque quotidiennement en tête ; tel un paradis perdu, mon « c'était mieux avant » à moi, j'y repense avec plaisir et un peu d'amertume.

Où sont donc passées mes mollesses ? Désormais, les occasions de m'y laisser aller n'ont pas disparu, mais elles se font plus rares. D'autant plus rares qu'elles ne manquent pas d'agacer mon entourage : « Que fais-tu à ne rien faire ? » est ainsi la phrase qu'on m'a le plus souvent adressée. Après mes parents et certains de mes amis, même ma progéniture s'y est mise.

Quand j'y pense, ce n'est pas seulement mon adolescence mais aussi ma vie étudiante, mes week-ends de jeune « active », et puis après, des moments volés, des bouts de minutes à divaguer qui me font encore rêver. Et je peux donc bien dire que j'ai passé la majeure partie de mon existence allongée, vautrée, avachie. Et cela sans aucune raison valable.

Aucun problème de santé, aucun empêchement extérieur; des angoisses, certes, mais pas plus développées que la moyenne. Si ce n'est le besoin d'être seule, à moi-même, et si possible dans une position confortable et détendue. Rien ne m'est plus jouissif que ces moments où je suis tranquille, où dominent le plaisir du délassement, la sensation d'être engluée, d'être dans une parenthèse que rien ni personne, pas même moi, ne pourrait interrompre. Rien ne m'est plus jouissif, pour le dire autrement, que d'être molle.

Je n'ai pourtant rien d'une «personne molle» et rien ne m'est plus urticant que la perspective d'en croiser une… C'est d'ailleurs l'ambivalence de la mollesse : je suis prête à parier qu'aucun d'entre nous ne se définirait ainsi et ne voudrait passer une soirée avec quelqu'un de tel. Et pourtant, je suis tout autant prête à parier que chacun d'entre nous, sans être foncièrement «ramollo», a ses coups de mou.

Déprime, flemme, impuissance, abstention, médiocrité, flegme, indécision… la mollesse fait partie de nos existences. Le mou est partout et il est sans conteste la chose la mieux partagée au monde. Pourtant, de lui, on se défend, et de lui, on ne veut rien savoir ni rien voir. Couvrez ce mou… Vous connaissez la suite.

À peine est-il convoqué, le voici disqualifié. Il n'a d'utilité que de jouer comme un contre-modèle, un garde-fou, un intégrateur négatif. Un coup d'œil sur les traités moraux, les grands romans ou les séries suffit à le prouver. Le personnage mou n'a jamais le beau rôle. Au mieux, il n'apparaît que comme le contrepoint rigolo au tumulte ambiant; au pire, il incarne l'indifférence dangereuse et la stagnation de cet être auquel on ne veut pas ressembler.

Tout comme on ne passe pas de bonnes soirées avec des gens mous, on ne fait pas de bonnes histoires avec des héros mous. « Héros » et « mou » n'ont rien à faire ensemble… et même les losers magnifiques sont au moins ceux qui ont tenté, mais pas ceux qui sont restés sur leur canapé.

À cet instant, une foule de contre-exemples vous vient sans doute à l'esprit : *Un homme qui dort* de Georges Perec, *Sleep* d'Andy Warhol, dans lequel le poète John Giorno dort pendant cinq heures vingt et un, *Alexandre le Bienheureux* d'Yves Robert, histoire d'un veuf libéré de son épouse tyrannique qui veut enfin prendre du bon temps, ou encore Jean-Jacques Rousseau jouant son meilleur rôle de retraité bullant sur son bateau dans ses *Rêveries du promeneur solitaire*[1].

Chacun de ces exemples ne prouve cependant pas que le mou fait de bonnes histoires : Alexandre, loin d'être un flemmard « par nature », fait le choix d'en être un et livre un rude combat pour pouvoir paresser ; *Sleep* n'est pas une histoire mais un concept, un « anti-film » comme le disait lui-même Warhol (et j'ajouterais d'ailleurs un concept ennuyeux) ; enfin, faut-il

1. « M'étendant de tout de mon long dans le bateau les yeux tournés vers le ciel, je me laissais aller et dériver lentement au gré de l'eau, quelquefois pendant plusieurs heures, plongé dans mille rêveries confuses mais délicieuses, et qui sans avoir aucun objet bien déterminé ni constant ne laissaient pas d'être à mon gré cent fois préférables à tout ce que j'avais trouvé de plus doux dans ce qu'on appelle les plaisirs de la vie. » (Jean-Jacques Rousseau, *Les Rêveries du promeneur solitaire*, V[e] promenade.)

le préciser, un homme qui dort n'est pas un homme mou, mais littéralement un homme qui dort (!) ; sans oublier que Rousseau, avant de célébrer la rêverie, condamnait fiévreusement les êtres ramollis par le bain chaud de la modernité.

La mollesse n'est pas un sujet vendeur, ni même un sujet tout court : elle n'est pas un besoin vital, elle n'est pas non plus un art et encore moins un concept. Mais alors qu'est-elle ? une question de tempérament, une faiblesse psychosomatique, un trait de génération, un remède à l'urgence ambiante ou un vice universel ?

Cette question hante ces pages… mais plus qu'une définition, c'est ce qu'elle implique, malgré elle, en négatif, sans volonté ni intention, qui me fascine en tant que philosophe : en quoi consiste la mollesse ? De quoi est-elle faite ? et que «fait-elle», puisqu'on n'y fait pourtant rien ? Pourquoi a-t-on des coups de mou ? Pourquoi savoure-t-on nos mollesses tout en les dissimulant ? Pourquoi la mollesse est-elle partout mais invisibilisée ?

Au fur et à mesure de mes propres mollesses, et en l'absence de réponses claires et de livres sur le sujet, j'ai toutefois été frappée par plusieurs rencontres avec ce mot. Au détour d'une page, un «mou» apparaissait, un «ramolli» surgissait, ou autre synonyme et terme du même champ lexical.

Voici venue l'occasion de répertorier ces occurrences, ou du moins de tenter de le faire. Rousseau, Tocqueville, Barthes, Arendt, Épictète… les philosophes sont nombreux à nommer la mollesse sans avoir écrit sur le sujet. Les exemples ne manquent pas : la mozzarella, le poulpe, une serviette-éponge, les montres molles de Dalí, et même François Hollande. Les expressions ne sont pas en reste : « consensus mou », « ventre mou », « caramel mou », « bander mou »…

Autant d'éléments qui m'ont confirmé non pas seulement que le mou était partout et unanimement condamné, mais qu'il jouait, contre l'avis général, un rôle nécessaire. Restait à déterminer lequel. Plus qu'une question, c'est devenu pour moi un véritable problème : que se passe-t-il quand il ne se passe rien, ou pas grand-chose ?

C'est pourtant dans ce « pas grand-chose » que se loge la force du mou. Car il n'a pas seulement le don de nous faire quelque chose sans qu'on fasse rien, il a le chic de suspendre le cours de nos vies tout en agissant profondément sur elles.

La mollesse, je m'en suis aperçue en m'y vautrant, découvre et travaille les injonctions qu'on s'impose à soi, à ce qu'on devrait accomplir, aux relations qu'il faudrait entretenir, aux corps qu'on se devrait d'avoir et aux engagements à tenir.

Or quoi de mieux que d'être mû sans même lever le petit doigt ?

I

MORALE DU MOU

1

Tout ce qui est mou, supprime-le !

Prononcez le mot « mollesse » et vous serez étonné : la première image qui vous viendra sûrement à l'esprit ne sera pas forcément quelque chose de mou, du caramel ou du chewing-gum, de la vase ou un lit douillet. Mais plutôt *quelqu'un* de mou.

Or, il n'y a rien de pire, de plus irritant, de plus énervant qu'une personne molle. C'est que le mou n'a ni la noblesse de l'homme bon ni le sublime du méchant. Il n'a… rien. Il lui manque quelque chose, il est « en moins », amputé, faible. Le stéréotype de la mollesse, et le summum de l'agacement, c'est l'adolescent avachi sur son canapé. Les yeux dans le vide, les bras ballants, les jambes écartées, la tête légèrement penchée, ayant muté du statut de « morveux » à celui de larve.

Devant un tel spectacle, l'irritation mais aussi un grand sentiment de lassitude nous saisissent : comment fait-il pour ne rien faire à ce point ? Est-il perdu dans ses pensées ? Est-il en train de rêvasser ? Surgit également un grand doute : et s'il ne pensait à rien ?

Et s'il n'y avait en lui rien que du vide ? même pas un rêve, même pas l'ébauche d'une idée ?

La mollesse est en ce sens une aberration, mais une aberration courante, banale, qui n'a rien d'original, car personne n'y échappe. Ni les autres ni soi-même… Vous-même avez été ou êtes encore cette personne affalée sur un fauteuil, paressant devant un écran, oubliant l'espace d'un instant les obligations courantes. Vous-même avez été ou êtes encore sujet aux coups de mou, à une baisse de moral ou d'énergie. Vous-même avez vécu cette mollesse qui vous empêche d'agir.

Dans ces moments, rien ne semble pouvoir vous en sortir, vous êtes comme englué et vous avez beau vous en rendre compte, essayer de vous mobiliser et de vous mouvoir, rien n'y fait. Quelque chose vous retient et même les mots vous manquent pour décrire votre état.

C'est bien normal puisque se joue, sous nos yeux ou dans notre corps, la démonstration de quelque chose non pas en train de se passer, mais en train de *ne pas* se passer. Victime ou spectateur de la mollesse, c'est le tableau d'une absence qui est en train de se jouer : tout à coup, une personne pourtant douée d'un corps, de parole, d'émotions et de raison, devient capable, voire coupable, d'incapacité.

Pour le dire de manière incorrecte, tout à coup, une personne fait (du) rien, elle ne pense (à) rien. Ce n'est pas qu'elle a perdu son corps, ses émotions, sa raison ou sa langue, mais qu'elle n'en fait rien. Pourquoi ? Comment agit paradoxalement la mollesse ?

Quelle partie de notre être contamine-t-elle ? Quel ressort affaiblit-elle en nous ? Difficile à dire, car à la manière d'un virus, invisible et insidieux, elle semble infuser notre être, se répandre et paralyser chacun de nos membres, de nos pôles cognitifs et de nos centres vitaux.

Sans origine ni cause, la mollesse n'est pas de la paresse, refus clair et net de l'activité, ni de l'oisiveté qui relève du mode de vie. Elle ne provient pas d'un choix individuel mais nous tombe dessus, sans crier gare, n'épargnant aucun d'entre nous ni aucune part de notre être. On tombe en mollesse comme on tombe amoureux, chutant du statut de personne volontaire, décisionnaire et rationnelle pour devenir une pure présence.

Étonnamment, la mollesse annihilant toute capacité n'est donc pas *rien*. L'absence qu'elle crée, l'amoindrissement dont elle est la mère, l'affaiblissement qu'elle impulse, ne font pas disparaître de l'environnement les individus sur lesquels elle s'abat mais leur donne, au contraire, une présence. L'adolescent avachi, la personne lente et bafouillante, nous-mêmes affalés sur ce satané lit, nous imposons en effet comme des êtres-là, des êtres-las. Des corps inertes, des substances immobiles et impassibles. Imperturbables.

Ces présences, on ne peut pas ne pas les voir : on les constate, on s'y confronte, on les subit. En cela, la mollesse n'est pas seulement un mystère (que se passe-t-il quand il ne se passe rien ? en quoi consiste-t-elle puisqu'elle nous rend inconsistants ?), mais bien une irritation. Souvenez-vous : il n'y a rien de plus énervant que de rencontrer une personne molle, un mollasson, engourdi, flemmard, patachon et nonchalant. Et d'une mauvaise soirée, vous direz souvent qu'elle était « nulle », qu'il n'y avait pas d'ambiance, que ça ne prenait pas, que c'était « mou ».

Le rien que produit la mollesse n'est donc pas néant : elle fabrique des présences, des comportements et des situations à la fois vagues et crispantes. L'affaiblissement qu'elle génère déclenche curieusement de l'excitation, de la nervosité, voire de la colère. On aimerait ne plus être mou, ne plus avoir affaire à des mous, les secouer ou nous agiter. Sans le savoir, nous nous faisons ainsi les disciples d'Épictète, reprenant à notre compte ce précepte qu'il énonce dans son *Manuel* : « Tout ce qui sert à l'ostentation ou à la mollesse, supprime-le[1]. »

Avec ce principe, le philosophe stoïcien formule une des grandes voies morales de ce courant antique : celle du juste milieu. Ni ostentation ni mollesse, mais un « juste milieu », nous préconise-t-il. Car la mollesse n'a rien, à ses yeux, d'un contrepoint salvateur ou d'un remède à l'ostentation. Elle est tout autant détestable qu'une mise en valeur de soi, excessive et indiscrète. Renvoyées dos à dos, élevées au même rang qu'un mal à combattre, l'ostentation et la mollesse sont ainsi rejetées aux extrêmes. Elles débordent la mesure pour embrasser l'excès.

Marque d'une impuissance du sujet à se contrôler, à se maîtriser, à se cadrer, face aux plaisirs qu'offre la chair, la mollesse apparaît pourtant comme un

1. Épictète, *Manuel*, XXXIII, 125.

débordement de soi paradoxal : elle n'est pas un excès en trop, mais un excès en moins. Un « excès par défaut », tel que le nomment les penseurs de l'Antiquité, c'est-à-dire inversé, en creux, coupable non pas d'en faire trop mais pas assez. Or comment supprimer ce qui est en moins ? Comment corriger et réorienter ce défaut vers un juste milieu ?

C'est ici qu'apparaît le deuxième effet de la mollesse. Car celle-ci ne nous tombe pas seulement dessus, elle s'agrippe à nous dès lors qu'on tente de s'en décoller. D'où ce sentiment d'impuissance mais aussi d'engluement. On ne subit pas seulement la mollesse, on *se* subit à travers la mollesse. Nous devenons notre propre fardeau. C'est pourquoi la mollesse, jusque-là, n'a pas été pensée en tant que telle, comme une occasion de réfléchir sur nous-mêmes, mais d'emblée comme le lieu d'une culpabilité.

Quand je suis mou, quelque chose en moi me fait défaut, cloche, ne sonne pas juste, *va mal.* Ma conduite de vie se dérègle, n'est plus droite, n'est pas (dans le) juste (milieu). C'est ainsi que la mollesse a acquis ses lettres de faiblesse et s'est faite l'emblème d'une décadence morale : elle n'a jamais été vue comme une suspension métaphysique de nos facultés à interroger, mais comme un dysfonctionnement intérieur à traiter.

2

La mollesse des cœurs démocratiques

> «Rien à foutre de rien, rien à foutre
> de rien, je n'en ai vraiment
> Rien à foutre de rien, rien à foutre
> de rien, on verra bien.»
>
> NEKFEU, «On verra»,
> sur *Feu*, 2015.

Épictète ne savait pas que, avec cette injonction à supprimer le mou en nous, il inaugurait ce qui deviendrait une tradition chez les intellectuels (mais pas seulement, en témoignent tous les parents atterrés par leurs enfants flegmatiques) : la longue et pénible déploration de la mollesse.

Des siècles plus tard, et avec la Révolution française, cette condamnation culminera dans les théories critiques de la démocratie. Car oui, l'homme démocratique, entendez toute personne née et s'épanouissant dans un tel régime, serait naturellement mou.

C'est la thèse que l'on peut lire dans les deux volumes de *De la démocratie en Amérique* d'Alexis de Tocqueville. Dès le premier volume paru en 1835, Tocqueville soutient en effet que la démocratie n'est pas qu'un état politique, mais avant tout un état social produisant ses mœurs, ses usages, ses manières d'être, de penser et d'agir… et ses individus. « Ce qui est à craindre chez un pareil peuple, affirme Tocqueville, ce n'est pas la ruine de quelques individus, bientôt réparée, c'est l'inactivité et la mollesse de tous[1]. »

À chaque régime politique son état social, et à chaque état social un individu type se définissant par un certain nombre de caractéristiques. Parmi celles de l'« *Homo democraticus* », proposé par Tocqueville, la mollesse figure donc en bonne place, condamnant la démocratie et ses citoyens à des vies de loques avachies… quand, à l'opposé, la tyrannie fabriquerait avec autorité de bons petits soldats.

« Mollesse du cœur », « mollesse des mœurs », « mollesse de tous »… dans *De la démocratie en Amérique*, le terme de « mollesse » n'apparaît que neuf fois sous la plume de Tocqueville, ce qui est loin d'en faire un concept majeur de son œuvre. Pourtant, l'idée est là : ce qui menace l'homme démocratique, c'est d'abord, selon le philosophe, d'être trop doux… ou peut-être voulait-il dire trop mou : « Lorsque je songe aux petites passions des hommes de nos jours, à la mollesse de leurs mœurs, à l'étendue de leurs lumières, à

1. Alexis de Tocqueville, *De la démocratie en Amérique*, II, III, chap. 18, 1840.

la pureté de leur religion, à la douceur de leur morale, à leurs habitudes laborieuses et rangées, à la retenue qu'ils conservent presque tous dans le vice comme dans la vertu ; je ne crains pas qu'ils rencontrent dans leurs chefs des tyrans, mais plutôt des tuteurs[1]. »

La mollesse n'est pas seulement un risque pour la démocratie mais, avant tout, un vice moral se retournant contre celui qui en est porteur. Inquiet à l'idée de perdre ses biens, plein de pitié à l'égard de son égal, mais désintéressé de la politique, favorisant la paix à la guerre, préférant ne pas se battre et rester chez lui plutôt que de défendre sa patrie, l'homme démocratique, nous dit Tocqueville, manifeste tous les symptômes de la mollesse. L'important est pour lui d'être tranquille, tel cet adolescent avachi les yeux dans le vide, menacé d'être enfermé « dans la solitude de son propre cœur ».

Frappé de plein fouet par le mou, il a perdu l'éclat de l'aristocrate, le courage, le goût pour les émotions violentes et brillantes, son honneur et, chose grave : entre la liberté et l'égalité, il choisit la seconde. Paradoxalement, l'individu démocratique a beau être individualiste, il a en effet perdu son individualité. La mollesse éteint en lui toute singularité, toute distinction et tout esprit d'initiative.

À l'échelle collective, se dessine alors non pas une somme d'individus mous, mais un monstre *sui generis*, flou, visqueux, diffus et apathique : la masse. Aux yeux de Tocqueville, il n'y a rien de plus dangereux que cet amas informe qui préfère s'abêtir et se

1. *Ibid.*, II, IV, chap. 6, 1840.

goinfrer, qu'agir et penser. Dans les dernières pages de son œuvre, restées célèbres et prophétiques, il fait part de son inquiétude :

> Je veux imaginer sous quels traits nouveaux le despotisme pourrait se produire dans le monde : je vois une foule innombrable d'hommes semblables et égaux qui tournent sans repos sur eux-mêmes pour se procurer de petits et vulgaires plaisirs, dont ils remplissent leur âme. Chacun d'eux, retiré à l'écart, est comme étranger à la destinée de tous les autres [...] ; il n'existe qu'en lui-même et pour lui seul, et s'il lui reste encore une famille, on peut dire du moins qu'il n'a plus de patrie. Au-dessus de ceux-là, s'élève un pouvoir immense et tutélaire, qui se charge seul d'assurer leurs jouissances, et de veiller sur leur sort. Il est absolu, détaillé, régulier, prévoyant et doux. Il [...] aime que les citoyens se réjouissent, pourvu qu'ils ne songent qu'à se réjouir.

La perversion de la mollesse, selon Tocqueville, est qu'elle laisse penser à ceux qui s'y vautrent, qu'ils en font le choix, qu'ils sont libres. Ils pensent ne pas consentir à la servitude d'un régime autoritaire et d'un roi tout-puissant, mais se laissent pourtant aller à la servilité d'un pouvoir « prévoyant et doux », les fixant dans l'enfance et les attachant à l'unique recherche de plaisirs « petits et vulgaires ».

L'inquiétude de Tocqueville n'est pas infondée. Nous en sommes, pour la plupart d'entre nous, la preuve vivante. C'est pourquoi ces pages de *De la démocratie en Amérique* nous parlent tant : elles expriment concrètement ce qui n'est parfois qu'une impression anxieuse et culpabilisante, celle de préférer notre petit confort douillet au reste du monde. La critique de l'individualisme, de l'abstention, du consumérisme et des individus préférant Netflix aux débats politiques s'en fait le relais, devenant un passage obligé de toute conversation entre amis ou sur les plateaux TV. Sans parler des représentations et des imaginaires que cette critique charrie.

Rares sont les séries ou les films dont l'un des personnages n'est pas un abruti coincé dans les quelques mètres carrés de sa chambre, de son salon ou de son quartier : le fumeur de joints déconnecté du monde, l'adolescent angoissé et cloîtré dans l'espace mental de ses peurs, le père noyé dans ses affaires, le mec indécis, hésitant et incapable de grandir… Que vous représentiez une comédie autour d'une bande de potes ou des drames intimistes autour d'un cheminement personnel, le récit ne se fera pas sans ces clichés individualistes, stigmatisant tout en alimentant ce vice moral de la mollesse.

Même chose dans la chanson : « On sèche les cours, la flemme marque le quotidien », c'est ainsi que Nekfeu ouvre sa chanson « On verra », et d'enfoncer le clou de sa déploration de la solitude contemporaine faite de flemme, d'ennui et d'attente :

> Ce monde rend fou, tout le monde est en guerre
> Plus on s'renfloue et moins on voit clair
> Quand t'as pas d'argent, dans ce monde, t'as pas d'droit
> Y a ceux qui cassent un tête et ceux qui tapent à trois
> Combien d'fois j'ai volé par flemme de faire la queue ?

Mon papa m'croit pas, mes sapes sentent le tabac froid
On s'fait chier au taf, on attend les cances-va han,
On s'parle derrière un ordi mais, en vrai, quand est-ce qu'on s'voit[1] ?

Qui aurait cru que Tocqueville marquerait les esprits jusque dans le rap du XXIe siècle ? Et qu'en aurait-il pensé, lui, l'auteur de *De la démocratie en Amérique* ? Imaginer une rencontre entre Nekfeu et Tocqueville n'est peut-être pas la perspective la plus riante, mais j'aime me figurer ce que ces deux-là pourraient se dire. Je suis sûre qu'il serait fou pour eux de tenter de sauver la mollesse… Mais auraient-ils raison ? La mollesse est-elle véritablement la source de nos dérives démocratiques et de nos corruptions morales ? Il n'y a pas à dire, le tableau dressé par Tocqueville reste incontournable dans la compréhension des enjeux démocratiques actuels et de nos mœurs contemporaines. Pour autant, la vision qu'il propose n'en reste pas moins discutable. La mollesse est-elle véritablement la source de tous nos maux ?

Soyons justes avec l'auteur de *De la démocratie en Amérique* : à aucun moment celui-ci n'affirme que la mollesse est l'un des principes de nos démocraties. Le principe de celle-ci est avant tout l'égalité des conditions qui nivelle les individus et les rend conformes. Et non la mollesse. Celle-ci est, en revanche, un effet de cette égalité et l'une des caractéristiques

1. Nekfeu, « On verra », *Feu*, 2015.

fondamentales de l'homme démocratique, capable d'enfermer l'individu dans son seul bien-être.

Mais là encore, cette affirmation reste discutable : pourquoi lier la mollesse au désintérêt, au désengagement et à l'indifférence ? Pourquoi faire de la mollesse le terreau de la servilité et du despotisme ? Être mou, est-ce forcément être un affreux individualiste conformiste ? Si j'étais Tocqueville, je dirais oui, tout en remarquant le paradoxe : comment être dans le même temps individualiste et conformiste ? replié sur soi-même et fondu dans la masse ? indépendant et soumis ?

Ce paradoxe, c'est vrai, n'est pas insurmontable (on peut très bien envisager d'être libre tout en étant pris dans des chaînes, tout comme l'on peut très bien faire exactement la même chose que son voisin tout en restant dans son coin), mais pourquoi la mollesse en serait-elle responsable ? La mollesse fait-elle de nous des clones déconnectés du monde ?

3

Être mou : la condition *sine qua non* pour penser ?

«Jamais je ne suis plus actif que quand je ne fais rien, et jamais je ne suis moins seul que lorsque je suis avec moi-même.»

CATON

Caton, homme politique et écrivain romain des IIIe et IIe siècles avant J.-C., n'avait rien d'un gros flemmard. Cité par Hannah Arendt dans ses «Questions de philosophie morale», il va pourtant à l'encontre de notre vision individualiste et conformiste de la mollesse. Et si, frappés de mollesse, nous n'étions pas passifs mais affairés ? Et si nous n'étions pas esseulés mais en compagnie de nous-mêmes ?

En une seule phrase, Caton parvient à démonter ces deux clichés liés respectivement à l'inactivité et à la solitude et, par là même, il nous aide à élucider une part du mystère de la mollesse : que se passe-t-il quand on est mou? sommes-nous vraiment seuls, sommes-nous vraiment désœuvrés?

Quand Hannah Arendt convoque Caton, elle est alors en pleine démonstration de ce en quoi consiste un processus de pensée. Qu'est-ce que penser? Et avant tout, dans quelles conditions peut-on penser? Pour Arendt, la pensée suppose ce qu'elle appelle un «mode d'existence» : la solitude, qui n'a rien à voir avec l'esseulement ou l'isolement. Activité «deux en un», la solitude, nous dit-elle, n'est pas un monologue, elle «implique que, bien que seul, je sois avec quelqu'un (c'est-à-dire avec moi-même)».

Contre les interprétations tristes de la solitude, Arendt révèle ainsi la nécessité qu'il y a à être seul avec soi-même pour pouvoir penser. Dans ma chambre, sur mon canapé, dans mon espace intérieur, allongée, vautrée ou assise, et tandis que le reste du monde me perçoit sûrement comme une grosse flemmarde, je peux faire l'expérience d'une «dichotomie intérieure» propice à la pensée.

> Être avec moi-même et juger par moi-même s'articulent et s'actualisent dans les processus de pensée, et chaque processus de pensée est une activité au cours de laquelle je me parle de ce qui se trouve me concerner. Le mode d'existence qui est présent dans ce dialogue silencieux, je l'appellerais «solitude». La solitude représente donc davantage que les autres modes d'être seul, en particulier et surtout l'esseulement et l'isolement[1].

---

1. Hannah Arendt, *Responsabilité et Jugement*, «Questions de philosophie morale», (1965-1966), 2005.

Si l'esseulement et l'isolement impliquent respectivement une coupure avec le monde et les autres, la solitude maintient, pour sa part, un lien avec ce qui nous entoure. Car celle-ci n'est pas uniquement, pour Arendt, un « vivre-avec-moi » qui permet, dans un premier temps, à la pensée d'advenir ; elle est aussi l'occasion de réfléchir et d'élaborer, dans un second temps, une morale de vie, individuelle mais également sociale et mondaine.

Dans toute la solitude de ma mollesse, je peux donc ne pas faire l'expérience de l'abrutissement, comme le pensent les détracteurs de l'individualisme et du conformisme, mais saisir l'occasion d'une expérience intellectuelle et morale, d'un dialogue intérieur entre moi et moi-même, fait de questions et de réponses.

Toutefois, si la solitude apparaît clairement sous la plume d'Arendt comme la condition de cette expérience de pensée, elle semble avoir délaissé cette première partie de la citation de Caton : « Jamais je ne suis plus actif que quand je ne fais rien. » Quelle garantie, en effet, la mollesse peut-elle m'apporter non pas en matière de solitude mais en matière d'activité ? Frappé de mollesse, ne suis-je pas tout simplement inactif ?

C'est vers un autre texte de la philosophe qu'il faut se tourner pour avoir une réponse. Dans *Condition de l'homme moderne*, essai consacré à la triple activité de notre modernité (le travail, l'œuvre et l'action, soit trois modes d'agir dans le monde, allant du labeur à l'engagement politique, en passant par la création artistique), Arendt remonte aux sources antiques pour proposer une définition étonnante de ce qu'il faut entendre par *vita activa.*

« Toute activité, voire la plus purement intellectuelle, doit culminer dans le repos absolu de la contemplation[1]. » Contrairement à nos idées reçues, l'activité, des Antiques jusqu'aux Modernes, n'avait paradoxalement rien à voir avec l'activité telle qu'on la conçoit aujourd'hui : besogne, tâches, boulots, tout cela était, aux yeux des Grecs et des Romains, une dépense improductive, une dispersion de l'énergie créatrice. « Traditionnellement, jusqu'aux débuts des temps modernes, précise ainsi Arendt, l'expression *"vita activa"* conserva sa connotation négative de "non-repos", *nec-otium, a-skholia.* »

Pour le dire autrement, la vie active, celle du travail, du labeur et de l'absence de repos, était disqualifiée au profit de la vie contemplative faite de loisir (*otium*) et de « vacance », celle permettant précisément la plus haute activité qui soit : la contemplation intellectuelle. À l'inverse de notre conception et de nos intuitions, il faut donc bien le redire à la manière des penseurs antiques : le repos n'est pas l'absence d'activité mais l'activité ultime, par excellence, celle de l'esprit. Il en est même la condition, ou tel que l'affirme Caton : ne rien faire permet, contre toute attente, d'être actif.

De quoi remettre en cause nos préjugés quant à la mollesse ? Pourquoi pas… car la mollesse ne seraitelle pas la version moderne du repos dans laquelle s'épanouit la contemplation et s'exerce l'esprit ? Loin

1. *Ead., Condition de l'homme moderne*, chap. 1, 1958.

d'être un affaiblissement de nos facultés physiques et intellectuelles, en serait-elle la condition nécessaire ?

L'hypothèse se tient mais rencontre nos résistances. Dans *Condition de l'homme moderne*, Arendt souligne ainsi l'inversion des valeurs entre l'Antiquité et la Modernité : la *vita activa*, dévaluée autrefois comme lieu de la subsistance du corps et de l'aliénation aux besoins vitaux, a désormais nos faveurs.

Société de travailleurs mais également de citoyens engagés, la norme veut maintenant qu'on s'active, qu'on bouge, qu'on s'implique… qu'on soit en mouvement. Dans cette perspective moderne, prendre le temps de ne rien faire n'est plus le signe d'une existence libérée du quotidien et s'élevant dans la sphère de l'esprit, mais d'une vie de privilégiés et de rentiers oisifs contemplant moins le monde que leur propre nombril, ou à l'inverse, de travailleurs si fatigués par les charges journalières que le loisir fonctionne comme une échappatoire et non comme une élévation.

Derrière ces clichés, pourtant, le mou nous pousse à revoir cette inversion des valeurs : et s'il était le signe non pas d'un refus de l'activité mais une autre forme d'activité, invisible, intérieure, mentale ? Et si la mollesse était l'actualisation du repos antique, réhabilitant le loisir comme occasion de pensée et de liberté ?

4

Les bains froids de Jean-Jacques Rousseau

La mollesse serait-elle, contre toute attente, une nouvelle manière non pas de se laisser aller mais de se prendre en main ? Arendt a certes rappelé la valorisation du repos dans l'Antiquité, mais il faut redire à notre tour que dès les premiers siècles de notre ère (n'oublions pas Épictète et sa condamnation de la mollesse) et donc bien avant la critique tocquevillienne de l'homme démocratique, le mou était déjà l'ennemi moral numéro un.

Jusqu'où l'identification entre la mollesse et le repos peut-elle vraiment tenir ? Est-elle réellement une condition de la vie contemplative et intellectuelle ou une interruption voire un obstacle à celle-ci ? Dernière chose, et pas des moindres, a-t-elle quelque chose à voir avec la *vita contemplativa* des Anciens, véritable lieu de liberté ?

S'il y a bien un penseur qui doutait de cette assimilation entre mollesse et liberté, mais également entre mollesse et exercice intellectuel, c'est Jean-Jacques Rousseau. Grand critique de la société de son temps, le XVIIIe siècle des Lumières, son *Discours sur les sciences et les arts* est une attaque en règle contre le savoir qui n'apprend pas mais, au mieux, s'affiche comme un ornement cosmétique, et, au pire, corrompt nos jugements.

Loin pourtant de voir dans la mollesse la voie salutaire de l'ignorance et de la simplicité, ou du moins un autre chemin vers l'éducation de soi, il perçoit en elle le signe de cette corruption des mœurs. Dans son traité sur l'éducation, l'*Émile*, il va jusqu'à la repérer et la réprouver dans un usage extrêmement précis, celui de la température (trop élevée) de nos bains : « Des multitudes de peuples lavent les enfants nouveau-nés dans les rivières ou à la mer sans autre façon. Mais les nôtres, amollis avant que de naître par la mollesse des pères et des mères, apportent en venant au monde un tempérament déjà gâté, qu'il ne faut pas exposer d'abord à toutes les épreuves qui doivent le rétablir[1]. »

Avec Rousseau, la condamnation morale de la mollesse prend une tournure autrement plus vive : celle-ci ne s'appuie pas uniquement sur un corpus de préceptes éthiques mais s'adosse à une théorie physiologique de nos corps. Ce tournant produit alors une modification cruciale de la critique de la mollesse, celle-ci ne concernant plus seulement la dimension culturelle dans laquelle évoluent les individus mais imprégnant chacun d'entre eux, jusque dans leurs propres chairs.

---

1. Jean-Jacques Rousseau, *Émile ou De l'éducation*, livre I, 1762.

La mollesse, et c'est le pas décisif accompli par Rousseau, ne poserait donc pas seulement un problème de morale abstraite et transcendante mais physique et immanente à l'homme. Elle serait incorporée, intériorisée, se transmettant tel un virus à travers l'eau tiède, ou comme une maladie héréditaire d'une génération à l'autre.

Elle devient, pour le dire autrement, une seconde nature chez les êtres humains. Or, quoi de plus aliénant qu'un trait dont on hérite, que notre corps génère de lui-même et que les pratiques sociales entretiennent ? Face à cette épidémie de mollesse, Rousseau préconise un ensemble de principes éducatifs dont le principal est celui d'un retour à la nature.

L'historien Georges Vigarello, dans *Le Corps redressé*, examine ces principes rousseauistes visant à libérer ce corps aliéné. En ligne de mire, non pas seulement un retour à la nature, mais un retour au mouvement énergique et dynamique de la nature :

> L'importance attribuée au mouvement corporel dans l'éducation est présentée comme une libération de l'enfance, face aux coercitions antérieures que symboliseraient par exemple corsets et maillots. Cette mobilité recommandée et largement commentée rejoint le dynamisme de la nature. Elle donne libre cours à une énergie enfin reconnue comme non seulement nécessaire mais « constructive ». Elle n'est plus porteuse d'un désordre en partie consenti parce que inévitable, mais porteuse d'un ordre jusque-là trop ignoré.

Pour contrer le corsetage des corps, signe d'un temps corrompu et bourré de règles artificielles et perverses, Rousseau entend donc revenir au « dynamisme de la nature », à une « énergie » originelle qui aurait été perdue.

Mais on est en droit de se demander : en quoi la mollesse ferait-elle partie d'un corsetage physicoculturel et ne serait-elle pas une force à même de contrecarrer l'aliénation moderne des corps ? Curieusement, la mollesse est rarement perçue comme un remède mais généralement comme une pathologie. Face à elle, surgit de manière répétée et insistante le même présupposé selon lequel l'activité serait la valeur capitale.

Que ce soit chez les Antiques ou les Modernes, que ce soit sous la forme de la contemplation intellectuelle ou celle de l'action dynamique, l'important reste encore et toujours d'activer son corps et son esprit. Même la valorisation du repos par Caton puis Arendt reste à cet égard suspecte, car il n'est alors valorisé que comme occasion de l'activité par excellence, celle de la pensée.

S'interroger sur la mollesse oblige à questionner cette élévation de l'activité au rang de bien suprême. D'où vient une telle valorisation de ce qui est actif ? Pourquoi sommes-nous abreuvés d'injonctions comme « manger, bouger », de slogans tels qu'« On dormira quand on sera mort », de publicités conseillant l'activité physique et sportive, de tracts préconisant de se mobiliser et de s'engager ? Pourquoi entendons-nous régulièrement cette petite musique stigmatisant notre addiction aux écrans, sous-entendu notre soumission en position vautrée à notre fil Instagram avec une série Netflix en fond ?

Rousseau, on l'a vu, conseillait de revenir au mouvement dynamique et énergétique de la nature pour libérer nos corps et nos esprits. La nature, pourtant, offre de nombreux exemples de passivité. Le temps pris à dormir au soleil, la délicatesse à se construire un abri, la lenteur à accomplir une tâche : la « nature » si tant est qu'elle existe comme un bloc homogène, propose un rapport au monde, au mouvement, au temps et à l'espace qui ne se résume pas à courir à travers l'herbe ou à chasser un oiseau.

Évidemment, je caricature ici les propos de Rousseau, mais la nature n'est pas seulement dynamique, elle est aussi molle, plastique et végétative. Le mouvement lui-même peut se faire mou, indolent, flottant. L'activité ne se déploie donc pas toujours de manière si « active », si dure, si conquérante. Et inversement, la passivité n'est jamais qu'une soumission lâche et indifférente. En cela, la mollesse ouvre d'autres perspectives que cette binarité simpliste et déploie d'autres façons de se projeter dans le monde.

5

Cake d'amour et matières molles

« Préparez votre, préparez votre pâte
Dans une jatte, dans une jatte plate
Et sans plus de discours
Allumez votre, allumez votre four. »

Michel LEGRAND,
« Recette pour un cake d'amour »,
dans *Peau d'âne*, 1970.

S'il y a bien une chose qui ne m'intéresse pas dans la vie, c'est la cuisine, ou plutôt cuisiner. Le domaine culinaire m'est étranger et je m'en porte parfaitement bien. Traîner dans les cuisines, regarder les autres faire à manger, m'est en revanche parfaitement plaisant. J'imagine que je constitue le public cible d'émissions du style *Top Chef.* Peu de choses me semblent aussi satisfaisantes que de voir les autres s'agiter et créer de leurs mains, à partir de quelques aliments, un petit chef-d'œuvre qui va disparaître en quelques bouchées.

Amalgamer, mélanger, touiller, mixer… le travail de la matière nourricière révèle des facettes insoupçonnées de la mollesse. Il y a ainsi des nuances de pâtes, épaisse, liquide, aérienne, crémeuse, mais aussi une méthode, un coup de main, pour obtenir la pâte idéale, soit la fusion parfaite entre le dur et le mou. *Peau d'âne*, avec sa scène du cake d'amour au long de laquelle Catherine Deneuve suit la recette « en chanté », est un éloge non pas de l'amour, ou pas que, mais de cette union idéale entre les extrêmes.

Cette fascination pour la pâte, dont le travail des mains éveille notre puissance *imaginatrice*, le philosophe Gaston Bachelard a su la saisir :

> Dans l'imagination de chacun de nous existe l'image matérielle d'une pâte idéale, une parfaite synthèse de résistance et de souplesse, un merveilleux équilibre des forces qui acceptent et des forces qui refusent. À partir de cet état d'équilibre qui donne une immédiate alacrité à la main travailleuse, les jugements péjoratifs inverses du trop mou et du trop dur prennent naissance. On dira aussi bien qu'au centre de ces deux excès contraires la main connaît d'instinct la pâte parfaite[1].

Dans *La Terre et les Rêveries de la volonté*, Bachelard (seul philosophe à avoir écrit frontalement sur la mollesse !) énumère tout l'imaginaire associé au mou : du plaisir de pétrir le pain à la nausée visqueuse explorée par Jean-Paul Sartre, de la boue inquiétante

---

1. Gaston Bachelard, *La Terre et les Rêveries de la volonté*, Ire partie, chap. 4, 1948.

à la plasticité de la glaise à sculpter, en passant par l'incontournable cuisson des nouilles.

Mais c'est avec la pâte, qui suscite une fascination universelle (et pas seulement mienne), que se déploie la dimension véritablement positive du mou : sous la plume du penseur et sous la main travailleuse qu'il loue, celui-ci n'est pas synonyme de chute ou de déchéance morale voire civilisationnelle, mais au contraire d'élévation. Pas de laisser-aller mais bien une prise en main, littérale. « Synthèse de résistance et de souplesse, un merveilleux équilibre des forces », la pâte, et à travers elle la mollesse, devient l'occasion d'atteindre la perfection.

À l'inverse de toute la tradition critique de la mollesse, apparaît alors une de ses rares valorisations comme lieu de penser et de toucher, comme sujet de rêverie angoissée et bienheureuse, comme matière imaginatrice. Et pas des moindres puisqu'on trouve, citée par Bachelard lui-même, une mention de Hegel à propos de la première matière molle qu'il nous est donné de connaître, et même de produire : les excréments : « L'instinct plastique est, comme l'excrétion, un acte où l'animal devient comme extérieur à lui- même. [...] L'animal excrète des matières dans le but de produire des formations avec sa propre substance. Et ce n'est pas le dégoût qui le pousse à excréter ainsi ; mais les excrétions en sortant de l'animal sont façonnées par lui pour satisfaire ses besoins[1]. »

---

1. Georg Wilhelm Friedrich Hegel, *Philosophie de la nature*, t. III, 1863-1866, cité par Gaston Bachelard, *La Terre et les Rêveries de la volonté*, Ire partie, chap. 5, 1948.

Au-delà de la curiosité qu'on peut éprouver en découvrant que Hegel a écrit sur le caca, qui plus est dans une perspective positive, il se joue dans ces lignes un tournant capital : le mou ne relève plus ici d'une nature subie et intériorisée que l'on tente d'ignorer, de corriger ou de rejeter, mais d'une matière première fondamentale. Loin d'être un territoire délaissé, les excréments sont recherchés pour la satisfaction qu'ils apportent.

La mention du dégoût n'est d'ailleurs pas anecdotique : à rebours de nos conceptions écœurées par tout ce qui relève de la mollesse et, en premier lieu, des individus ramollis, Hegel plaide pour la satisfaction. On n'excrète pas et on ne se fait pas excrément par dégoût, mais par besoin et plaisir.

Ce qui est, quand on y pense, une affirmation à la fois évidente et étonnante : évidemment qu'il y a un plaisir certain dans le fait d'accomplir l'acte digestif dans son entièreté, mais étonnamment ce plaisir reste un plaisir caché, coupable, honteux. De la même manière, se retrouve cette dialectique dans la mollesse : satisfaisante, elle n'en est pas moins honteuse… ce que Hegel invite à dépasser par un retour à la nature, « notre » nature.

Chez Hegel, le retour à la nature n'est pas identique à celui promu par Rousseau : certes, il s'agit bien aussi d'une « libération », mais d'une libération du mou contenu en nous, hors de nous. Libération bien spécifique puisque nous ne nous laissons pas simplement aller mais – et le mot apparaît – nous « façonnons ». *A priori*, ce mot a de quoi gêner (surtout associé à nos excréments) : qui envisagerait de « façonner » ses selles (sans parler d'assumer de le faire), à moins d'être scatophile ?

C'est que Hegel avait le sens de l'imagination : l'idée n'est pas tant d'y mettre les mains que d'envisager les matières molles comme ce qui nous constitue – et non ce qui nous excède. Cette mollesse, nous indique Hegel, est notre propre substance, entendez par là notre être (corps et esprit), substance totale et singulière que l'on ne cesse d'éprouver et de travailler tout au long de notre existence.

Tout comme la pâte est l'occasion d'obtenir un équilibre parfait des forces, notre être est aussi la matière que l'on palpe, amalgame, mélange, pétrit, formidable terrain de jeu dans lequel sont contenus des possibles souvent prodigieux. La mollesse déclenche et supporte ainsi toutes nos rêveries existentielles : ce n'est qu'à force de travail et d'exercices, grâce au fameux «façonnage», que nos mains impriment librement notre marque, notre «patte» à notre propre pâte, faisant apparaître des voies, des chemins, des sens possibles.

Loin d'être le fruit d'une aliénation, la mollesse peut donc être envisagée bien autrement : comme une libération, celle de la matière au sein de laquelle se logent tous nos projets et que l'on se doit de forger à la force de nos mains. N'est-ce pas d'ailleurs ce que l'on ressent quand on est vautré dans sa mollesse, ce merveilleux sentiment que tout est possible ? N'a-t-on pas l'intuition qu'un projet est potentiellement en germe dans ce moment suspendu ?

Touchés par la mollesse, nous ne sommes pas forcément en train de penser comme le préconise Arendt, ou de nous laisser aller à la contemplation des

Antiques, mais nous ne sommes pas pour autant soumis. Au cœur de la mollesse éclosent bien plutôt les pousses de l'avenir. Un façonnage inconscient a lieu. Une solitude endormie se dessine. Un affaissement s'impose pour élaborer une liberté déjà effective, mais pas encore efficace.

6

Le coup de mou

«Sous le fardeau de ta paresse
Ta tête d'enfant
Se balance avec la mollesse
D'un jeune éléphant»
Charles BAUDELAIRE,
«Le serpent qui danse»,
dans *Les Fleurs du Mal*, 1857.

Sans mollesse, n'existerait pas la possibilité d'être libre. J'en suis convaincue. C'est en tout cas le pari que je fais. Car l'individu mou, vautré, avachi, alangui, n'est pas le contraire du «corps redressé» qu'analyse Georges Vigarello dans son ouvrage portant ce titre, il en est bien plutôt la condition, le socle ou encore la substance indispensable.

Sans mollesse, impossible de se redresser, de se relever et de s'élever. Autrement dit, de se libérer. Un tel éloge du mou peut déconcerter, d'autant plus quand on sait que le mou ne se choisit pas, telles la paresse ou l'oisiveté qui se cultivent, se recherchent et sont le privilège de quelques-uns ; le mou, lui, nous tombe dessus. Rien de tel pour le prouver que le fameux « coup de mou ».

Fatigue soudaine, baisse de tonus et perte d'énergie, le coup de mou n'est pourtant jamais seulement physique. Le subir n'est pas seulement être passagèrement affaibli mais aussi déprimé. Le coup de mou a une dimension psychologique indéniable. En cela, il laisse des traces, il n'est jamais qu'un coup ! Certes, il surgit soudainement, sans crier gare, d'un seul coup, mais ce coup, cependant, n'arrive jamais seul.

Les coups de mou viennent et reviennent par périodes, ressemblant plus à des vagues, lentes, vaporeuses, envoûtantes qu'à de petits pics qui nous électrisent.

Rien de moins paradoxal, donc, que le « coup de mou ». Car le mou n'agit pas sous la forme d'un coup, tel un choc sur la tête, il nous envahit. On peut, c'est vrai, se sentir fatigué brutalement. Mais si la prise de conscience est soudaine, le mou était déjà là, prenant possession progressivement de nous. Par étapes, par vagues, par couches douces, indolentes, lâches, mais pas moins violentes.

La littérature du mal-être s'en est faite le relais : elle se décline à travers de nombreuses figures de la mollesse. Tempérament lymphatique, tristesse nonchalante, mélancolie ou neurasthénie, déprime, bourdon et cafard, bile noire et spleen baudelairien, sans oublier, bien sûr, la nausée de Sartre… si le mal-être a une forme, c'est bien celle de la mollesse.

> Des mollesses, des faiblesses, oui. Les arbres flottaient. Un jaillissement vers le ciel? Un affalement plutôt; à chaque instant je m'attendais à voir les trônes se rider comme des verges lasses, se recroqueviller et choir sur le sol en un tas noir et mou avec des plis. Ils n'avaient pas envie d'exister, seulement ils ne pouvaient pas s'en empêcher; voilà. Alors ils faisaient toutes leurs petites cuisines, doucement, sans entrain; la sève montait lentement dans les vaisseaux, à contrecœur, et les racines s'enfonçaient lentement dans la terre. Mais ils semblaient à chaque instant sur le point de tout planter là et de s'anéantir. Las et vieux, ils continuaient d'exister, de mauvaise grâce, simplement parce qu'ils étaient trop faibles pour mourir, parce que la mort ne pouvait leur venir que de l'extérieur [...]. Tout existant naît sans raison, se prolonge par faiblesse et meurt par rencontre[1].

La mollesse semble être l'incarnation par excellence du malaise existentiel. Le héros sartrien Antoine de Roquentin, saisi de nausée, aperçoit son environnement s'affaisser sous ses yeux. Plus rien n'a de solidité, plus rien n'est percutant... tout s'étiole et se mélange. Tout s'effondre. Mais pas d'un coup, précisément, mais de manière lourde et sourde. Autrement dit, de manière molle.

On pensait l'angoisse spectaculaire, elle n'est qu'une masse dégoûtante et visqueuse, prenant des atours organiques et nauséeux, donnant le mal de mer, l'impression d'avoir avalé des algues, de s'enfoncer

---

1. Jean-Paul Sartre, *La Nausée*, 1938.

dans des sables mouvants, ou encore d'étouffer dans des couches nauséabondes.

L'imaginaire du mal-être s'enracine indéniablement dans la mollesse. Et il n'y a dans ce choix stylistique rien d'arbitraire, car la mollesse, dans toutes ses déclinaisons, allant du visqueux jusqu'au gluant, en passant par le fangeux, le spongieux ou le poisseux, se présente bien comme la traduction la plus juste, la plus adéquate et concise qui soit, des sensations et sentiments malades qui nous étreignent au moment où apparaît le mal.

Le mou, et lui seul, apparaît comme le signe et l'incarnation par excellence des moments les plus anxieux de notre existence. Mais pourquoi ? Par quel miracle le mou, qui jusque-là était la cause de notre dégoût et de notre inquiétude, devient-il l'expression idéale de nos drames intérieurs ? De quoi peuvent être faits nos tourments et nos affres pour prendre d'emblée cette allure molle ?

Pour le comprendre, il faut remonter à ce qu'avait énoncé, bien avant Sartre et sa nausée, le premier existentialiste de l'histoire de la philosophie : Søren Kierkegaard. En 1844, dans son essai tout naturellement intitulé *Le Concept d'angoisse*, il formule précisément la forme informe de cette anxiété extrême : « L'état d'angoisse comporte la paix et le repos ; mais en même temps il implique autre chose qui n'est ni la discorde ni la lutte ; car il n'y a rien contre quoi combattre. Qu'est-ce donc ? le rien. Mais quel effet produit ce rien ? Il engendre l'angoisse[1]. »

---

1. Søren Kierkegaard, *Le Concept d'angoisse*, chap. I, partie 5, 1844.

Paradoxalement, l'angoisse n'aurait donc rien d'une lutte intime, d'un champ de bataille en mon for intérieur, mais d'une mer calme et sereine sur laquelle il ne se passe RIEN. Paradoxalement, la paix et le repos (encore lui !), lieux où rien n'a lieu, seraient donc la source même de l'angoisse. Ce « rien » qu'évoque Kierkegaard est décisif car il révèle que l'angoisse n'a ni une forme ni une origine précise et identifiable, mais provient bien au contraire d'une absence de forme et de cause, d'une mollesse originelle.

Certes, Kierkegaard n'assimile pas explicitement le rien au mou, comme Sartre le fera en poussant l'imaginaire de l'angoisse jusqu'à l'écœurement, mais il souligne le nouage structurel entre l'angoisse, foncièrement vide, creuse, désossée, qui ne se bat contre rien, et la mollesse caractérisée par un défaut de vigueur et de détermination. En cela, le mou n'est pas seulement l'expression mais la matière de l'angoisse. Et à lire Kierkegaard, il en est aussi l'explication.

D'où viennent nos coups de mou et autres mal-être ? De « RIEN ». Comment les dépasser ? Il n'y a RIEN à faire. Si l'angoisse est mollesse, ce n'est pas pour « rien »… mais précisément à cause de ce rien. La mollesse, à travers ces coups de mou, soit ces états où l'on ne fait rien, où l'on ne semble animé par rien, où il n'y a que de « l'excès par défaut », nous révèle précisément ce rien fondamental dont nous sommes faits.

Tout à coup, et en un coup de mou, elle dévoile cette absence de cause, d'origine, de lutte qui pourrait justifier notre présence sur Terre. Or, n'est-ce pas cela l'angoisse première, celle de s'apercevoir que l'on ne vient de rien, que l'on ne va vers rien, que l'on ne fera peut-être rien, mais que tout est vertigineusement possible ? Reprenons Sartre : « Tout existant naît sans raison, se prolonge par faiblesse et meurt par rencontre. » « Sans raison », « par faiblesse »... si la question métaphysique par excellence est effectivement « pourquoi y a-t-il quelque chose plutôt que rien ? », la mollesse est bien sa réponse.

7

Le jogging ou la vie sans structures

À l'origine était donc la mollesse. À l'arrivée également. Souvenez-vous, tout a commencé par une image, celle de cet adolescent mou, lymphatique, affalé, vautré, coincé dans les couches moelleuses de son canapé. Souvenez-vous encore, cet adolescent a le pouvoir de provoquer en nous interrogation, scepticisme, mais surtout agacement voire colère. Face à lui, je le rappelle, nous sommes atterrés : Qui est-il ? À quoi pense-t-il ? A-t-il même quelque chose dans la tête ?

Nous ne savons ni quoi dire ni quoi répondre. Pourtant, au fond, voici ce que l'on n'ose à peine se formuler : et s'il avait tout compris ? Quand, je ne suis là qu'à m'agiter, celui-ci, imperturbable, semble parfaitement jouir de son état contemplatif, tout à lui, il paraît complètement détendu, à des lieues de nos affairements quotidiens et parfois vains…

Et s'il avait raison ? C'est peut-être cela qui nous énerve autant : le mou semble désengagé, indifférent, apathique, mais il n'est que le révélateur de ce que l'on accomplit chaque jour sans jamais l'interroger : à quoi bon cette agitation permanente ? De quoi ai-je besoin de me divertir pour me bouger à ce point-là ?

Angoisse de l'existence, liberté vertigineuse, possibilité à l'état pur, les préoccupations journalières autorisent de rester dans le déni, quand le spectacle de la mollesse le fait craqueler et nous ouvre sur des abîmes existentiels. Il y a pourtant au moins un élément, un tout petit élément, qui fait unanimement craquer ce vernis et révèle notre condition fondamentalement molle, au-delà des âges et des genres : le jogging.

Encore considéré comme le signe d'un laisser-aller, ce vêtement, par sa massification, est un symbole capital. Si j'étais Jean-Jacques Rousseau ou Alexis de Tocqueville, je n'y verrais que la confirmation de mes thèses : la dérive rampante de la modernité, l'extension de nos êtres ramollis dans l'espace public, la perte imminente (ou déjà à l'œuvre ?) de notre démocratie voire de notre civilisation.

De fait, le jogging n'est pas un habit anodin : autrefois uniquement utilisé pour faire de l'exercice, puis devenu (contre toute attente) un vêtement d'intérieur et de délassement, il se donne – par la généralisation de son port, au-delà de nos sphères privées ou du cadre de nos activités personnelles – comme la preuve de l'extension de nos individualités dans la sphère collective.

De quoi se réjouir ? Peut-être bien ! Car au-delà du risque d'un effacement du collectif et du citoyen derrière des individualités privées, apparaît la possibilité d'un nouvel investissement de l'espace public. N'oublions pas que Tocqueville craignait plus que tout l'apathie des passions politiques et déplorait l'effacement des personnalités dans la masse démocratique. Or, avec le jogging, l'individu ne suit pas seulement un effet de masse et de mode, il s'octroie le droit de porter à l'extérieur ce qu'il ne portait que chez lui. Ou pour le dire autrement, cet individu refuse d'abdiquer ce qu'il est.

Vêtu de son jogging, il ne maintient pas une barrière entre le privé et le public, il ne reconduit pas une conception étroite et cachée de l'espace domestique. Bien au contraire, il exporte, il expose ce qu'il est, tel qu'il est, en son for intérieur, dans l'espace public. Explosant les frontières entre lui et le monde, entre soi et l'autre, en vertu d'un phénomène appelé « extimité », l'individu fusionne avec le citoyen, non pas pour l'effacer, le faire disparaître, mais pour ne faire qu'un avec lui.

Évidemment, cette exposition ne va pas sans grincements de dents, pour ne pas dire indignations : à quoi bon s'exposer dans toute son intimité ? demandent les critiques de cette tendance à se dévoiler. Réseaux sociaux, mouvements identitaires, politiques du corps, tous ces phénomènes sont accusés d'être égoïstes, égocentriques, narcissiques, sectaires, rigides, radicaux, voire anti-universels. Ils sont pourtant révélateurs d'interrogations fondamentales : en vertu de quoi devrait-il y avoir une séparation entre ma sphère privée et la sphère publique ? Pourquoi ne pourrais-je pas y apparaître tel que je suis ? Pourquoi ce que je veux pour moi ne serait-il pas une revendication politique ?

« Venez comme vous êtes », dit le slogan de McDonald's (qui n'est pas sans rappeler la chanson, dans un autre état d'esprit, du groupe de grunge américain Nirvana[1]). Venez sans vous embarrasser, sans vous faire beau, sans vous cacher, sans vous faire *autre*, tel est le message (ultra-vendeur) de cette chaîne de fast-food. Venez donc en jogging, pourrait-on ajouter. Car le jogging, tout trivial qu'il soit, s'inscrit bien dans cette tendance à être tel qu'on est, à envisager l'intime comme une régénération politique.

Reste, toutefois, à déterminer en quoi porter un jogging pourrait régénérer notre sphère politique. Revendiquer d'être mou en dehors de chez soi n'a, c'est vrai, aucun sens… En revanche, demander à être tranquille, « confort », en sécurité, à pouvoir circuler en toute sérénité dans l'espace public, et dans les habits que l'on veut, là réside la véritable revendication politique.

Séduisant et pas si bête que ça, ce slogan laisse pourtant entendre que pour « venir comme on est », encore faut-il savoir qui « on est ». Or, comment savoir qui l'on est ? Faut-il forcément avoir décidé de notre essence pour pouvoir se permettre d'apparaître dans l'espace public ? C'est ici que se déploie alors et réellement tout l'intérêt du jogging.

Matière informe, sans structures ni qualités, dont le principe est de se faire oublier par celui qui le met, ce vêtement est le modèle de la mollesse, de l'être mou, c'est l'atour de celui qui en fait le moins possible, de

1. « *Come as you are, as you were / As I want you to be / As a friend, as a friend / As an old enemy* » (Nirvana, « Come as You Are », sur *Nevermind*, 1991).

celui qui se trouve empêché, de celui qui ne sait pas où il va. Le jogging a ceci de remarquable dans son absence d'attraits remarquables : il n'agit pas comme une interface entre celui qui le porte et celui qui le voit.

Qu'il transmette un certain nombre de signaux, comme n'importe quel vêtement, c'est une chose indéniable. Mais ces signaux restent, pour la plupart, flous. L'intention d'une personne vêtue d'un jogging demeure assez vague : le fait-il par flemme ou volontairement, par goût ou mauvais goût ? Veut-il nous dire quelque chose ? se ranger dans une catégorie ou s'affranchir des codes vestimentaires rigides ?

On ne sait pas trop, tout cela reste indéterminé. Mais c'est précisément dans cette indétermination que se loge toute la force du mou : parce qu'il n'est rien, parce qu'il est moins, parce qu'il n'est qu'à l'état potentiel, il se manifeste ici comme une volonté de s'indéterminer.

Loin d'être le signe d'un individualisme conformiste, où chacun d'entre nous souhaite également rester tranquille et égoïste, la mollesse relève d'une affirmation personnelle non personnifiée, d'une affirmation de soi sans pour autant déterminer qui l'on est. Ce qui n'est pas sans rappeler, encore une fois, l'expression de « corps redressé » de Georges Vigarello, car être mou s'annonce comme la promesse de jouir d'un corps à la fois redressé et replié.

Être mou – et le succès du jogging le prouve –, ce n'est pas se positionner à l'inverse du droit, du redressé, du vertical, dans le repli et l'effacement, c'est aussi s'exposer, se montrer, être dans la fameuse

« ostentation », tant décriée par Épictète. La mollesse, elle aussi, s'affiche dans toute sa nonchalance. Elle n'est pas qu'une position mais une posture à travers laquelle se combinent affaissement et assurance de soi.

De quoi ici conclure, au moins dans un premier temps, que le mou n'est pas lâche, mais qu'il est au contraire le courage du relâchement.

II

À NOS CORPS MOUS

1

« Chose épouvantable, c'est mou »

« Chose épouvantable, c'est mou. »
Victor HUGO,
Les Travailleurs de la mer, 1866.

Qu'ajouter à cette toute petite phrase dans laquelle semble pourtant contenu tout le drame de la mollesse ? Victor Hugo énonce en quatre mots l'ampleur de notre sujet. Il pourrait autant parler de nos moments d'angoisse, d'une décadence de nos principes civilisationnels que de nos pratiques affaiblies, voire apathiques. Autant de choses molles qui provoquent en nous irritation, dégoût, du moins perplexité.

Cette chose épouvantable chez Hugo n'a cependant rien à voir avec nos valeurs ou nos usages, mais avec un sentiment plus fort, sombre, ancré au plus profond des pêcheurs de l'île de Guernesey : la hantise de la pieuvre. Pire que les monstres mythologiques, « Dieu a fait la pieuvre », nous dit ainsi Hugo.

Constitué non pas d'un mais de trois cœurs, non pas d'un mais de neuf cerveaux, non pas de deux mais de huit tentacules, irrigué de sang bleu, doté de ventouses et de siphons pour s'oxygéner ou se propulser, de membres capables de repousser, d'un corps souple, sans masse musculaire, sans défense, le poulpe défie toutes nos représentations. Pure présence, sa mollesse ne le rend pas doux ni plaisant mais provoque au contraire l'effroi.

Paradoxalement, sa force déterminante réside dans son indétermination radicale : « Pas de cri menaçant, pas de cuirasse, pas de corne, pas de dard, pas de pince, pas de queue prenante ou contondante, pas d'ailerons tranchants, pas d'ailerons onglés, pas d'épines, pas d'épée, pas de décharge électrique, pas de virus, pas de venin, pas de griffes, pas de bec, pas de dents. »

Comment ce qui semble désarmé, ce qui se présente comme le contraire de l'attaque et de l'agressivité, peut-il à ce point nous effrayer ? Les pêcheurs de Hugo révèlent que la condamnation de la mollesse n'est pas seulement justifiée par des règles acquises de bien-vivre mais s'enracine en nous, dans nos chairs. La pieuvre n'endosse pas ici la fonction symbolique d'une perte, d'un affaissement ou d'un laisser-aller de nos règles de vie individuelle ou sociale.

Ces travailleurs de la mer, loin d'incarner une perspective morale, voire moralisatrice, de la mollesse, à la manière d'Épictète, Rousseau ou Tocqueville, amorcent bien plutôt une phénoménologie du mou. Car leur frayeur ne provient pas d'un écart avec une règle morale mais avec des normes physiques. Elle naît de la perception d'une forme sans forme, sans contours, bizarre, aberrante. Autrement dit, la frayeur naît de l'informe.

L'informe est peut-être la chose la plus simple et la plus difficile à définir… précisément parce qu'il n'a pas de définition. Soit parce qu'il n'est pas achevé ou mal réalisé, soit parce qu'il n'a aucune détermination. À cet égard, il faut différencier le brouillon dont on parvient, malgré tout, à percevoir le modèle initial, de la pieuvre de Guernesey que les pêcheurs ne réussissent jamais à identifier.

Dans ce cas, la mollesse n'est pas seulement un ratage formel, un manque de volonté, un écart avec un modèle, ou encore une altérité certes distincte mais reconnaissable, elle est l'empêchement même de toute identification. C'est pourquoi la pieuvre ne fait pas seulement peur mais réveille une hantise ancestrale chez les héros de Hugo : elle parvient à éradiquer jusqu'à la notion d'identité et d'altérité pour ouvrir le champ de l'étrange.

Il faut insister : le poulpe et sa mollesse congénitale font plus qu'abolir les notions d'identité et d'altérité, de séparation ou de distinction, qui se définissent encore par rapport à moi ; ils coupent tous les liens qui constituent, depuis mon être, ce qu'on appelle un environnement familier. Il n'y a pas d'identité ni d'altérité au royaume de l'étrange.

C'est d'ailleurs le motif essentiel de toute production d'horreur : proposer des figures effrayantes car jamais vues, jamais pensées, jamais imaginées. L'«alien» de Ridley Scott qui est moins une figure de l'altérité-autre que de l'étrange-étranger, avatar défiant femmes et hommes à travers ses mouvements imprévus, son corps luisant et sombre, sa queue pointue et sa bouche castratrice ; les créatures fantastiques, mi-hommes mi-bêtes, mi-enfants mi-vieillards, de Hayao Miyazaki ; la « Chose », dans *The Thing* de John Carpenter, dont la dénomination suffit à dire la terreur de l'indétermination… Tout est fait pour que le spectateur soit mis dans la posture paradoxale d'attendre l'inattendu, pour qu'il soit formaté pour accueillir l'informe, autrement dit le monstrueux.

Il ne reste ainsi que des images et des mots pour décrire cette mollesse. Hugo le prouve, avec sa description de la bête. Sa couleur changeante, jaunâtre et terreuse ; sa texture visqueuse et collante sur laquelle se développent nœuds, bandes et ventouses ; son silence, enfin. Pour approcher la pieuvre, seule la maladie semble parlante : scorbut et gangrène. Des atteintes corporelles à donner envie de vomir, faites de pourrissement, de carence, de purulence, d'hémorragies et de déchaussement.

Profusion de couleurs, amas de peaux, indistinction des formes, culture du clair-obscur, viscosité en surbrillance ou blocs de substance mate… l'œil se nourrit du jamais vu tout en craignant, comme les héros du spectacle auquel il assiste, d'être infecté par la pathologie de l'informe. Car l'épouvantail que brandit toute chose informe n'est pas seulement celui d'une déchéance physique ou morale (dont on peut bien tenter de se remettre), mais d'une dissolution de son être.

L'angoisse fondamentale réside non pas dans la perte, au sens figuré, de son être, mais dans la perte littérale de soi, de son corps tangible, fait de contours et d'un visage identifiable. Hugo, d'ailleurs, insiste sur l'inquiétude qui anime les pêcheurs de Guernesey : celle d'être absorbé, d'être recouvert par le monstre et étouffé par ses tentacules.

Le mou découvre notre peur d'être aspiré et, par un phénomène de transsubstantiation, presque religieux, d'être incorporé par la mollesse. En cela, l'effroi que suscite le kraken déborde effectivement le registre de la peur et du drame pour s'inscrire dans le domaine de l'angoisse et du tragique en touchant notre hantise essentielle : celle de ne plus avoir d'essence.

Une fois que nous sommes contaminés par le monstre de la mollesse, émerge la menace ultime : celle de disparaître en tant qu'individu, singulier, reconnaissable, pour chuter dans ce royaume de l'étrange. Le mou fait ainsi planer la perte fondamentale de l'identité, de notre corps et de la possibilité de dire « je ».

2

Les chairs vives du steak

> « Main gauche posée à plat sur l'entrecôte,
> de la droite il taille dans l'épaisseur,
> la viande tombe en tranches sur le billot,
> elle tombe mollement, lentement, fléchit
> avant de s'affaler dans un son sec et mat. »
>
> Joy SORMAN,
> *Comme une bête*, 2012.

Se faire mou, perdre son identité ou encore devenir méconnaissable, telle est bien la hantise que réveille la mollesse en nous. Hantise tout à fait justifiée puisque la mollesse ne menace pas de nous tuer, bien au contraire, mais de continuer à vivre sans s'affirmer, sans s'engager, sans dire « je ».

Ou pour le dire autrement et plus brutalement, elle nous laisse imaginer la possibilité de vivre sans pour autant avoir une vie, notre vie, à nous. Mais comment est-ce imaginable ? ou même acceptable ? À quoi sert de vivre une vie qui ne serait pas la mienne ? Ici apparaît pourtant une tentation : et si, avant de vivre sa vie, il fallait déjà vivre tout court ?

Le poulpe et tous les monstres ont beau être mous, informes et inquiétants, ils dévoilent pourtant une chose élémentaire : ce qu'est la vie à l'état brut, dépouillée de tout ornement, de tout agrément. Vivant et tout simplement vivants, ils sont la preuve même que l'absence de forme, d'identité ou de traits distinctifs permet de saisir l'essence première de ce qui nous rend vivants.

La mollesse de la viande rouge et ses adeptes en sont l'exemple le plus frappant. Quand les travailleurs de la mer de Hugo redoutent plus que tout d'être incorporés par le monstre mou, d'autres salivent, au contraire, à l'idée de le déguster. Tels sont les mangeurs de viande de Roland Barthes qui voient dans la chair molle d'un bifteck « une substance médiumnique qui les conduit vers la force originelle de la nature ».

Avec Barthes, la mollesse ne fait plus peur, elle redonne de l'éclat aux corps usés ou oubliés. « Le bifteck est pour bon nombre d'intellectuels un aliment de rachat, grâce auquel ils prosaïsent leur cérébralité et conjurent par le sang et la pulpe molle, la sécheresse stérile dont sans cesse on les accuse[1] », explique-t-il dans sa mythologie sur « le bifteck et les frites ».

Mais comment l'angoisse du poulpe peut-elle se transmuer en désir de pulpe ? comment le monstre mythique peut-il devenir une mythologie moderne du mou ? Certes, la mollesse n'agit pas seule ici : c'est

1. Roland Barthes, « Le bifteck et les frites », dans *Mythologies*, 1957.

associée au sang qu'elle permet de revigorer les plus secs des esprits. « Un concert de substances molles et vives », précise Barthes ; mais le constat n'en est pas moins opérant : le mou est loin d'être inerte, il relève au contraire du principe actif. Culminant à l'état cru, dégusté en tartare, il opère tel un carburant viril et fortifiant.

Le mou détiendrait la puissance paradoxale de nous activer. Mieux, la puissance de nous maintenir en vie. Mais encore faut-il savoir de quelle vie on parle. De quelle vie est-il question quand on s'enchante de manger un cadavre animal ? Comment la chair morte peut-elle nous maintenir vif ?

L'inversion est fondamentale : il ne s'agit désormais plus d'être étouffé par une bête visqueuse mais de la dévorer à son tour. Fichu pour fichu : mieux vaut bouffer qu'être bouffé. Au fond, la hantise de la mollesse n'est pas conjurée mais renversée. L'homme reprend la main sur l'angoisse et tente non plus de s'en cacher ou de la fuir mais de l'exorciser.

Plutôt ingérer que d'être digéré, plutôt s'approprier un corps mou que d'être destitué de sa forme propre, plutôt transformer la mollesse en matière nutritive que d'être ravalé au rang de proie. Malgré cet éloge étonnant des chairs molles d'un bifteck, le mou n'est donc pas valorisé mais renforcé dans son rejet. Il n'est pas célébré en tant que tel, il ne l'est qu'au prix de son instrumentalisation : sans fluide sanguin ni esprit gourmand, il est condamné à demeurer inactif.

Toutefois, il serait injuste de dire que Barthes ne change pas la donne de la mollesse. Car avec lui, les substances molles n'indiquent plus la déchéance mais deviennent un terrain de jeu et de réjouissance. La mollesse, relevant d'abord d'une question d'informe et de dégoût, soulève tout naturellement une question de forme et de goût. Déguster un tartare n'est pas seulement manger de la viande, une chair à la fois vive et morte, c'est aussi s'extasier devant le tableau du mou, c'est s'exciter face à la mise en scène d'une belle « purée sanguine » et s'illuminer à la perspective salivante de la pulpe glaireuse.

Se forme ainsi toute la fascination contenue dans la mollesse, entre répulsion et attraction. Tout comme la pieuvre nous ventouse, la viande nous fait saliver, le mou nous appelle. Qu'il s'agisse d'une hantise ou d'une conjuration, le mou semble nous dire quelque chose. Reste à savoir quoi et d'où il nous parle.

3

En territoire visqueux

« Le contenu de la poubelle représente la part de nos être et avoir qui doit quotidiennement sombrer dans le noir pour qu'une autre part de nos être et avoir puisse rester jouir de la lumière du soleil. »

Italo Calvino, « La poubelle agréée » (1974-1976), dans *La Route de San Giovanni*.

En 1998, paraissait un ouvrage consacré à ce qui, jusque-là, n'était jamais considéré en tant que tel : les détritus, les déchets et l'abject. Dans sa *Philosophie écologique*, François Dagognet, philosophe et médecin, se propose en effet

> d'explorer un territoire délaissé : celui des êtres ou bien écartés en raison de leur insignifiance ou de leur petitesse à tel point qu'ils rejoignent l'informe,

> l'amorphie, ou bien éloignés du fait de leur danger (la contamination, la pollution) ou bien abandonnés parce que eux-mêmes liés à la décomposition et à la mort (le pourri, le fermenté, le cadavérique), ou bien ignorés parce que liés au monde de l'inertie, alors que seul ce qui relève de la vie mériterait la considération, ou bien encore repoussés parce que malodorants ou tellement visqueux qu'ils engluent ceux qui les saisissent[1].

La mollesse fait évidemment partie de ce territoire délaissé : visqueuse, gluante, informe, amorphe, elle est l'une des caractéristiques principales de ces êtres écartés, éloignés, abandonnés ou ignorés. Elle aussi relève de l'abject, traînant avec ses compagnons de galère, les insignifiants, les petits, les polluants, les fermentés, les inertes; appartenant au domaine de l'indigne, manifestant le vil et suscitant le mépris… mais jouant aussi comme les miroirs de nos propres existences.

C'est ce que Dagognet note dès les premières lignes de sa philosophie écologique : détritus, déchets et abject ne sont pas seulement des objets que nos regards fuient et que nos pratiques repoussent, ils sont fuis et repoussés précisément parce qu'ils sont *nos* détritus, *nos* déchets et *notre* abject. Ils ne sont pas seulement des matières séparées, à distance, que l'on redoute d'approcher, mais des restes de nous.

---

1. François Dagognet, *Des détritus, des déchets, de l'abject. Une philosophie écologique*, 1998.

Miroir, prolongement, excrément de nos êtres, la mollesse est l'un de nos propres tentacules, mais un tentacule que l'on ne saurait voir. Chose étonnante car pourquoi rejeter ce qui nous constitue ? Pourquoi déconsidérer ce qui nous prolonge ? Chose d'autant plus étonnante qu'autrefois, aux XVe et XVIe siècles, l'abject désignait un tempérament humble et modeste, mais aussi une personne d'une basse condition sociale reconnue dans la société.

Avant d'être une injure, le rejeté était donc paradoxalement accepté, et même considéré. Il avait une place à part entière dans le jeu social, brillant par sa réserve. Comment dès lors l'abject « respectable » est-il devenu l'abject que l'on connaît ? C'est dans les siècles suivants, à partir notamment du XVIIIe, que l'abject ne devient pas, mais redevient ce que son étymologie contenait à l'origine : *ab-* signifiant en latin l'idée d'abaissement et *jacere*, « jeter ». Sous l'impulsion du christianisme, le rejet a alors pris la tournure fortement négative de « méprisable », « ignoble ».

Le mou aurait-il subi le même sort ? Ce mou que l'on fuit, que l'on conjure ou que l'on méprise, que l'on tente de digérer, de déféquer et d'éloigner, avait-il une place en tant que telle ? Était-il autrefois reconnu ? On peut en douter, au vu de la permanence de sa critique à travers les âges. Pourtant, et c'est bien l'entreprise de François Dagognet : il oblige à regarder ces territoires que l'on ne veut pas voir mais qui nous constituent, à reconnaître, faire une place, considérer l'abjecte mollesse comme une partie de soi. Que dit ce mou de nous mais que l'on se cache ?

Peau qui se fane, excréments, sébum, poils hirsutes, bourrelets, chacun d'entre nous a sa part de mou, qui existe, résiste, mais que l'on aimerait voir disparaître. On se tire les rides, on s'arrache les follicules pileux, on se nettoie les impuretés, on se palpe le derme, on se cache pour faire caca. L'enjeu est de lisser, purifier, masquer sous des couches de crèmes et une foule d'astuces et de techniques corporelles ce qui se relâche et nous échappe.

Mais *pourquoi* ? La réponse est triple. D'abord, parce que le mou est à nous ce que la pieuvre est aux pêcheurs de Hugo, il est à notre corps ce qu'il est au corps social : un essentiel inessentiel, une part de nous en surplus. Ensuite, parce que échappant à toute catégorie connue, échappant à toute fonction, toute utilité, et sans valeur, son étrangeté met au défi notre volonté et notre entendement, autrement dit notre soif de maîtrise. Enfin, parce que regarder le mou, n'est-ce pas d'emblée vouloir le dompter ?

Mais pourquoi nécessairement regarder, considérer, reconnaître, donner une place à ce qui, de fait, échappe à toutes les cases ? Faut-il forcément catégoriser et faire entrer dans le rang tous ces monstres, ces inconjurables, ces indépassables qui nous hantent et surgissent dès qu'on baisse la garde ?

Le mou, ce prolongement de soi que l'on ne saurait voir, a quelque chose de l'inquiétante étrangeté freudienne, ce familier dont la vue, paradoxalement, nous plonge dans l'angoisse de l'étrange. Inconscient matériel, que resterait-il du mou si on le reconnaissait enfin ? Que resterait-il de cet abject dont la raison d'être est de ne pas être, ou de ne plus être, si on lui accordait un être ?

Réhabiliter l'abjecte mollesse ne changera rien à l'affaire. La mollesse, parce qu'elle répugne, par définition, à toute caractérisation et à toute détermination, dérange. Et l'arranger ne revient pas, tel que le propose le projet de François Dagognet, à avoir de la considération pour un objet dévalorisé, mais à la prétention de pouvoir et de vouloir tout mettre à sa place, tout remettre en ordre.

Au fond, la mollesse met à nu notre obstination à tout identifier, à tout reconnaître, à tout rendre digne. La dignité, celle qu'on invoque comme un principe suprême, certes fondamentale, est-elle la condition *sine qua non* de notre respect ? Ce mou, sale et méprisé, doit-il forcément devenir digne, rentrer dans cette case, pour exister ? Doit-il être réhabilité, rehaussé ou redoré pour retrouver de sa superbe ?

La mollesse, parce qu'elle déborde, échappe, excède, s'oppose à notre ambition de classer, trier, ranger, étiqueter, empêche notre obsession à rejeter ou à enfermer ce qui est autre ou nôtre, à faire la part entre le sale et le propre. Elle refuse de trancher et rend obsolète cette question pourtant devenue incontournable, « Être ou ne pas être ? », pour préférer s'épanouir dans les territoires « en trop ».

4

Le moelleux du beignet

Flottant à travers les catégories, surfant entre notre attraction et notre répulsion, le mou ne fait pas seulement partie des territoires délaissés et rejetés pour cause d'indétermination.

À l'instar des bouffeurs de steak de Roland Barthes se servant des chairs molles comme d'un nutriment, la plupart d'entre nous se délectent de la mollesse d'un beignet. Sans aucune intention ni aucune ambition, si ce n'est celle de trouver du réconfort dans le fondant d'une matière tendre. Je dis beignet, mais vous pouvez bien trouver ce plaisir ailleurs : brioche vaporeuse, mozzarella coulante ou poire juteuse. L'important est qu'ici on ne croque pas ; on s'enfonce et, d'une caresse de la bouche, le mou n'est plus mou, mais moelleux.

Il n'y a aucune nécessité dans ce plaisir. Il est comme le visqueux du déchet ou le tentacule de nos êtres : du plus. Mais un « plus » réconfortant, un bonus, dans lequel s'évanouit toute entreprise de détermination. On ne cherche pas à être, ni à vivre, en mangeant un beignet, on cherche littéralement à profiter.

Il suffit de se saisir d'un beignet pour sentir non pas la force vitale de la mollesse mais la puissance du mou. Cette capacité à nous accueillir, à nous envelopper, à nous embrasser. Car le mou du beignet n'est pas n'importe quel mou : il est à la fois souple et compact, léger et dense.

Touchez le beignet, appuyez sur sa matière, vos doigts s'y enfoncent et la pâte gonflée devient alors de la gomme. Et si le beignet est fourré, c'est encore mieux… en son cœur se loge un trésor coulant, frais ou onctueux, ajoutant du gras sur du gras (si vous avez choisi au chocolat) ou de l'acide au sucré (si vous préférez la pomme ou la framboise).

À travers un simple beignet, se déploient ainsi les nuances du mou : celui-ci n'est pas seulement flasque et flegmatique, aboulique ou végétatif, il est au contraire vaporeux et pâteux, aérien et emplâtré. Un condensé de contraires, un être de contradictions.

En un toucher, en une bouchée, se manifeste ainsi le phénomène de la mollesse : non pas seulement paradoxal, mais plastique, flottant, indécis, nous octroyant la possibilité d'échapper à la question métaphysique par excellence : être ou ne pas être. Car manger un beignet, ce n'est pas seulement faire l'expérience de la mastication du mou, de la densité que l'on travaille à coups de dents, c'est aussi, et dans le même temps, faire l'expérience de la disparition. Aussitôt mangé, aussitôt avalé.

À la manière d'une barbe à papa, chevelure immense, fournie, cotonneuse et colorée, l'ampleur s'évanouit au simple contact de notre salive. La dégustation d'un beignet, d'une barbe à papa ou d'un petit hamburger a dès lors quelque chose de la fonte des neiges ; leur aspect massif, doux et confortable s'effondre en un instant. Et l'abondance qui nous semblait immangeable n'aura été qu'un leurre, qu'un écran de fumée, qui ne laisse qu'une trace infime dans notre palais.

La mollesse n'a été qu'un rêve, engloutie mais pesant déjà pourtant au fond de nos entrailles. Petite gourmandise, fugace et légère, elle est potentiellement un choc digestif. Là encore ambivalente, la mollesse que l'on pensait massive s'avale d'un trait mais ne pardonne pas. Les lourdeurs de la digestion s'annoncent, les regrets prennent forme et la culpabilité de s'être vautré dans la douceur revient.

Une fois passée l'agréable sensation, vient donc le temps du sentiment honteux. Ce moelleux en trop, ce bonus de confort, ce plaisir, par définition, en plus, se retourne aussitôt contre nous. Et la menace de l'incorporation du mou ressurgit. Les tentacules ne nous enserrent pas, ils nous plombent de l'intérieur.

Kilos en trop, ramollissement des chairs, relâchement des muscles, le mou, en bon plaisir, a un envers : il laisse des traces sur nos corps et sur notre moral, et nous lance, chaque fois, le défi de la maîtrise. Qu'il s'agisse de nos peurs, de nos catégories, de nos normes ou de nos goûts, la mollesse déborde mais aussi questionne : pourras-tu te maîtriser face aux plaisirs ou aux abîmes que je contiens ? Pourras-tu te retenir, faire preuve de prudence, de pondération et de modération face aux délices ou aux angoisses que je t'offre ?

Le mou révèle ainsi le fonctionnement du plaisir et ses impasses : le plaisir peut-il s'étirer telle une pâte élastique ? ou peut-on vouloir « profiter » dans l'instant sans vouloir en tirer un profit durable ? Mais il révèle surtout notre fonctionnement existentiel : peut-on faire le choix de la mollesse, du pur plaisir, ou bien celui de l'angoisse, de l'absence de détermination et de repères ?

5

Le temps est un camembert fondant

«Je posais des questions anxieuses
à mon professeur : comment fallait-il
mélanger son huile et avec quoi ? Comment
obtenait-on une matière continue
et compacte, quelle méthode fallait-il
suivre pour obtenir un tel effet ? »

Salvador DALÍ,
Ma vie secrète, 1942.

Rien de plus rigide que le temps qui passe, inéluctable, inexorable, fatal. Il est, avec l'espace, la catégorie qui nous permet d'appréhender le réel, de nous y orienter et d'y agir. Pourtant, et on en fait souvent l'expérience, ces repères nous échappent. Des lieux que l'on connaît bien nous semblent tout à coup plus petits, plus étroits, ou au contraire plus grands, presque écrasants. Il en est de même avec les minutes et les heures : certaines durent plus longtemps que d'autres, les unes passent en un éclair quand les autres paraissent une éternité.

Pas besoin de connaître la différence entre le temps et la durée pour sentir, intuitivement, que le premier n'est que la mesure fixe qui tente éperdument d'enserrer la seconde. Les minutes ne passent pas comme le tic-tac d'une aiguille, sec et régulier, elles s'écoulent, littéralement. Loin d'être rigide, la temporalité nous emporte donc tranquillement mais sûrement dans sa glu. Elle n'est pas seulement fatale parce qu'elle est irréversible mais parce qu'elle nous colle à la peau.

Il suffit d'avoir vu une seule fois « Les montres molles » de Salvador Dalí, son tableau officiellement intitulé *La Persistance de la mémoire*, pour en être convaincu… mais avant tout pour comprendre ce que jusque-là on n'avait pas su nommer à propos de ce sentiment du temps qui passe. Celui-là persiste à se couler à travers notre conscience, nos souvenirs, nos images et nos corps, évidemment. Plastique, il n'est pas façonné par nos actions ou nos paroles, mais c'est d'abord lui qui les modèle… ou plutôt qui les « démodèle », les déforme.

Dalí a beau avoir réussi à obtenir la matière parfaite, « continue et compacte », à reprendre la main sur cette mollesse en la créant lui-même et à en faire un des motifs principaux de son œuvre, il n'a fait que retranscrire cet écoulement déjà en branle dans nos existences, envahissant, malgré nous et notre instinct de maîtrise, chacune de leurs parcelles. Cette peau qui se fane, s'engourdit ; ces idées qui se rabougrissent, qui se languissent : on ne va pas en se durcissant, on va en se ramollissant. Est-ce une déchéance ? un affaiblissement ? ou bien plutôt un lâcher-prise ? La tentative de ne plus être guidé par des repères fixes et de se laisser glisser, enfin ?

En cela, la mollesse surgit aux endroits que l'on estimait les plus inflexibles : le temps, l'espace, tout ce que l'on pensait acquis, tout ce en quoi l'on croyait dur comme fer, les opposés, les identités, les catégories métaphysiques, les étiquettes morales, le nécessaire / l'accidentel, l'autre / le même, le vieux / le jeune, les filles / les garçons.

La mollesse est le fluide, ce qui n'a pas de début ni de fin, un pur mouvement, une transition radicale. On serait presque tenté d'y voir une révolution… mais encore faudrait-il que quelque chose se renverse définitivement. Or, il n'y a pas de définitif avec le mou, car, avec lui, il n'y a plus de définition.

Ce n'est d'ailleurs pas pour rien que les montres de Dalí fondent tels des camemberts coulants. Le message est clair : ne soyez pas effrayé d'assimiler une aussi belle notion que le temps à du fromage puant, car cette pâte molle vous met sur la bonne voie, celle du temps qui passe et transforme tout sur son passage. Moins téméraire (et peut-être moins friand de cancoillotte, maroilles, époisses ou autres), Descartes en a fait l'expérience avec un petit bout de cire :

> Prenons pour exemple ce morceau de cire : il vient tout fraîchement d'être tiré de la ruche, il n'a pas encore perdu la douceur du miel qu'il contenait, il retient encore quelque chose de l'odeur des fleurs dont il a été recueilli ; sa couleur, sa figure, sa grandeur sont apparentes ; il est dur, il est froid, il est maniable. […]

> Mais voici que pendant que je parle, on l'approche du feu : ce qui y restait de saveur s'exhale, l'odeur s'évapore, sa couleur se change, sa figure se perd, sa grandeur augmente, il devient liquide, il s'échauffe, à peine peut-on le manier. La même cire demeure-t-elle encore après ce changement[1] ?

Tout comme Descartes se demandait ce qu'il restait de la cire quand s'échauffant au contact d'une flamme, elle en devenait liquide, on doit s'interroger à notre tour : que reste-t-il quand il n'y a que du mou ? Qu'y a-t-il encore d'immuable ? d'inflexible ? et même de réel ? La mollesse nous met face à ce vertige : et si tout était mou, sur quoi pourrait-on s'appuyer ? sur quoi pourrait-on se poser ? à quelle heure, à quel lieu, à quelle identité pourrait-on s'accrocher ?

On ne peut pas passer sa vie dans un canapé moelleux ni enroulé dans une serviette-éponge… mais après tout, que perdrait-on à être mou, à laisser s'échapper le cours des choses qui, dans tous les cas, s'envole et nous condamne à l'impuissance ? Que perdrait-on de notre vie qui, de fait, ne repose sur rien de fixe ? Se vautrer dans la mollesse semble être la réponse la plus adéquate face à un monde déjà mou, dont le temps, l'espace et toutes autres catégories nous filent entre les doigts, s'évaporent sans cesse et sont voués à la faillite.

On aurait tort de penser que, d'une telle existence, il ne restera plus rien. Bien au contraire, il restera du

---

1. René Descartes, *Méditations métaphysiques*, II, § 11-13, 1641.

réel. Le réel ou la seule donnée valable d'une existence singulière selon Clément Rosset. Car «le réel existe mais il est impossible de préciser quel réel», pose ainsi le philosophe, examinant (justement !) un bout de camembert, bien coulant, bien fondant, ne ressemblant à aucun autre[1] :

> Qu'est-ce exactement que je dis, lorsque j'identifie ainsi mon fromage, à ne pas m'y méprendre, comme camembert ? Je dis, sans doute, que ce fromage appartient au genre de ceux que j'ai précédemment reconnus comme camemberts : qu'il n'est ni brie, ni livarot, ni pont-l'évêque, ni quoi que ce soit d'autre que du camembert. Mais cela ne m'apprend rien sur la nature spécifique de cette saveur et de ce parfum dont je m'aperçois, à y réfléchir, que je serais bien en peine de la décrire en tant que telle. Que ce camembert évoque irrésistiblement ceux que j'ai déjà dégustés, et puisse ainsi être immédiatement identifié comme camembert, ne me renseigne pas quant à l'identité de sa saveur, et c'est là tout ce que je sais et peux dire d'elle.

Tel Descartes examinant son morceau de cire ou telle notre personne s'enfonçant dans un canapé moelleux ou mordant dans un tendre beignet, chaque mollesse se contemple et se déguste pour elle-même. Ainsi sont nos mollesses : celles-ci ne font pas que déformer ou nous informer de l'informe de nos repères; pur réel, elles existent et nous font exister

1. Clément Rosset, *L'Objet singulier*, 1-2, «Le détournement du réel», 1979.

chaque fois différemment, nous indiquant la voie de la singularité. De la même manière que Clément Rosset affirme « Voilà du camembert » et ajoute « Tout est dit dès lors et il n'y a rien à ajouter », nous pourrions dire : « Voilà de la mollesse, tout est dit dès lors et il n'y a rien à ajouter. »

6

Choisir ou embrasser le mou ?

> « Tu t'laisses aller, tu t'laisses aller
> Tu es belle à regarder
> Tes bas tombant sur tes chaussures
> Et ton vieux peignoir mal fermé
> Et tes bigoudis quelle allure. »
> Charles AZNAVOUR,
> « Tu t'laisses aller », 1960.

La mollesse, on l'a dit, abolit les repères, elle engloutit les généralités pour y préférer le particulier et le singulier, elle échappe à l'essence pour choisir l'existence. Proprement insaisissable, le mou, mais par là même celui qui mène une vie molle, semble n'obéir à aucune loi. Est-ce pourtant véritablement le cas ? Avachi, ramollo, délassé, échappons-nous le temps d'un instant à toutes les injonctions qui nous harcèlent quotidiennement ?

Pour le savoir, pensez tout simplement à vous ! Installé, lové, vautré dans un canapé, dans une couette, dans une serviette, dans un fauteuil, face à la télé ou face à une fenêtre, mal coiffé, mal fagoté, les yeux perdus dans le vague... au summum de la mollesse. Vous y êtes ? Vous avez ce sentiment d'être tranquille, et cela, en dépit des regards suspicieux jetés sur vous... Vous sentez que vous pouvez, enfin, vous laisser aller.

Mais vous laisser aller à quoi ? Pourquoi pas à être vous-même. C'est en tout cas le rêve que vous caressez : être libre, sans interruption, sans trouble, sans dérangement ; être vous-même uniquement. Mais continuez à penser à ces moments de pause : certes, vous n'êtes qu'avec vous-même, mais êtes-vous pour autant vous-même ? Il y a cette conviction qu'en étant seul remonterait à la surface notre moi profond.

D'habitude embarrassé des conventions et du regard des autres, celui-ci pourrait déposer ses atours de moi social pour apparaître enfin dans sa pureté. Mais n'est-ce pas justement un rêve ? Se laisser aller, est-ce véritablement faire fi de toutes les normes, sociales, esthétiques, sexistes, qui nous enferment ? Est-ce forcément laisser advenir une pure singularité ?

Il est clair qu'abandonné à sa mollesse, toutes les barrières tombent et il ne reste que soi. Mais encore faut-il savoir ce qu'est « être soi ». Je suis, c'est vrai, exposé dans toute ma singularité : la mollesse de ce dimanche après-midi me révèle telle que je suis, pas maquillée, mal habillée, « sans façon ». Sans fard. Et tout est ici dans ce « sans fard ».

« Sans fard », est-ce apparaître tel que l'on est à l'état pur, original, ou est-ce apparaître tel que l'on est avec ce qui reste, malgré tout, de normes ? Car même laissé à moi-même, « dénudé », je n'abdique pas complètement toutes mes manières et malgré ma singularité, je n'en suis pas moins traversé de tout ce qui, autour de moi, m'a constitué depuis que je suis né.

La mollesse a beau déconstruire, fluidifier, adoucir… elle n'éradique pas pour autant toutes les règles. Elle s'en fait plutôt le révélateur. Ainsi, sur votre canapé, vous sentirez tout à coup poindre un sentiment de culpabilité, vous vous raidirez, vous vous demanderez : « Mais que fais-je ici à ne rien faire ? »

Sonnera ainsi le rappel de ce que la mollesse ne peut abolir. Pas qu'elle ne soit assez puissante pour le faire mais parce qu'elle-même suit bien son chemin. Il n'y a pas quarante mille manières d'être mou… et ça, même si la mollesse se vit de manière toujours singulière.

Ce n'est pas seulement qu'elle laisse apparaître les règles qui nous aliènent mais c'est aussi qu'elle a les siennes. On ne se laisse pas aller à n'importe quel moment, ni à n'importe quel endroit, ni face à n'importe qui… et surtout pas n'importe comment. Un corps mou n'est pas un corps laissé à l'état naturel, c'est un corps tout autant travaillé qu'un corps svelte et sportif.

Un ventre qui se relâche, des membres avachis, des bras ballants… On a en tête qu'un corps mou est un corps laissé à l'abandon, mais est-ce vraiment le cas ? N'existe-t-il pas une manière acceptable et voulue d'être mou ?

Se joue ici ce paradoxe : celui selon lequel être mou, synonyme d'aboulie, de manque de volonté, le contraire d'une décision, pourrait, malgré tout, être le produit d'un choix. Il est pourtant possible d'envisager qu'on préfère être mou plutôt que tonique, qu'on opte pour un corps fait de relâchements, pétri de nos « rebondis » et de notre mollesse.

Être mou sonne comme une fatalité, une puissance gluante qui s'abat sur nous et nous engloutit, tel le monstre de Victor Hugo… mais n'est-ce pas le fruit d'une décision ? Ou pour être plus précis, cette mollesse qui nous tombe dessus, ne peut-on pas décider, en toute conscience, de l'embrasser, de s'y vautrer, de s'y épanouir ?

Attention : il ne s'agit pas de dire qu'on choisit d'être mou comme on cultive un art de la paresse, mais de choisir ce qui nous tombe dessus à l'instant même où cela nous tombe dessus. L'idée semble peut-être absurde, mais après tout, pourquoi pas ? Pourquoi ne pas accepter et même désirer ces coups de mou, ces coups de fatigue ou ces coups de blues, qui semblent s'imposer ?

7

« Bander mou », ou les normes de la mollesse

Peut-on choisir la voie de la mollesse comme on suit une ligne de conduite ? Allons plus loin : peut-on faire de la mollesse une philosophie de vie ? Certes, elle traverse nos existences, ponctue nos saisons, coupe nos journées… Mais de là à en faire un art de vivre, il y a une contradiction avec son surgissement, sa forme, son déploiement, qui échappent à toute tentative de maîtrise.

Faire de la mollesse notre but, notre finalité, notre plan de carrière, ce n'est pas seulement dévoyer l'esprit du mou, c'est se prétendre plus fort qu'elle. On ne s'impose pas d'être mou comme on se donne des objectifs. On fait *avec* la mollesse. « On fait avec », « On s'y fait ». La mollesse nous oblige ainsi à repenser notre rapport à la maîtrise, elle dessine une autre manière d'exercer notre volonté : non pas toute-puissante, surplombante, mais agissant par touches, s'adaptant aux circonstances et à son état.

Chaque expérience de la mollesse le prouve : le coup de mou, bien évidemment, mais aussi les coups de mou qui marquent notre corps. Un ventre un peu rebondi mais pas trop, les éternels «deux kilos en trop» (dont on ne sait comment ils ont envahi la plupart des imaginaires physiques de notre époque), l'apparition de poignées d'amour, des plis de notre cou, des pattes-d'oie au coin de l'œil, une fesse (et même deux) qui tombe…

La mollesse n'est pas forcément brutale, agissant par à-coups soudains, elle sait aussi se faire douce et s'installe progressivement, en nous, sur nous. Voici alors qu'on s'en accommode, qu'on l'incorpore peu à peu, à la manière d'un gâteau que l'on prépare et dont on amalgame les ingrédients. Le mou a ses raisons que la raison ignore… mais que le corps a intériorisées.

Insidieusement, sans qu'on s'en rende compte, la mollesse prend ses marques et, à défaut d'avoir une essence ou un sens, établit ses normes, au point d'en devenir normale. Et cela dans les deux sens du terme car la mollesse est à la fois banale, ordinaire, quotidienne mais aussi pétrie de normes, de règles et de prescriptions.

> À la fenêtre, un soir, tu regardais passer les filles et tu avais entrepris de les classer : bonasses, pétasses, pouffiasses, pouffes, salopes, mères. Je n'avais pas voulu laisser passer un tel débordement sémantique ; *Le Petit Robert* a tranché : «Bonasse : qui est faible, d'une bonté excessive par simplicité d'esprit, par peur des conflits.» En conséquence, peut-on affirmer que la faiblesse, la bêtise et la lâcheté d'une femme la rendent sexuellement attirante ? La mollesse est-elle érotique[1] ?

1. Joy Sorman, *Boys, boys, boys*, 2005.

S'il y a bien des normes en matière de mollesse, c'est dans le domaine de la sexualité et du genre. La narratrice de *Boys, boys, boys,* récit de Joy Sorman, en témoigne ici : au féminin, le champ sémantique de la passivité, «la chair dolente» soumise aux menstruations et excitant les regards concupiscents ; au masculin, le champ de l'activité, la virilité dure et conquérante. Plus le corps féminin se montre faible, bête et lâche, plus il semble attirant.

Michel Foucault souligne également cette «normalisation de la mollesse» à travers le portrait type de l'homosexuel construit dès l'Antiquité :

> La passion malsaine de chanter et de danser remplit l'âme de nos efféminés ; s'onduler les cheveux ; rendre sa voix assez ténue pour égaler la caresse des voix féminines, rivaliser avec les femmes pour la mollesse des attitudes, s'étudier à des recherches très obscènes, voilà l'idéal de nos adolescents... Amollis et énervés dès leur naissance, ils le restent volontiers, toujours prêts à attaquer la pudeur des autres et ne s'occupant pas de la leur[1].

Érotique au féminin, mais condamnable au masculin, la mollesse fonctionne telle une étiquette, faisant clairement le tri entre les forts et les faibles, les dominants et les dominés au sein même de nos sexualités et de nos genres.

---

1. Sénèque le Rhéteur, *Controverses I*, cité par Michel Foucault, *Histoire de la sexualité*, t. II, *L'Usage des plaisirs*, 1984.

Un phénomène résiste pourtant à cette coupure franche : l'impuissance masculine. Bander mou n'est pas seulement vécu comme un bouleversement intime mais comme une crise de la masculinité. L'évolution des discours sur la vulnérabilité n'a pas profondément modifié cette donne : bander mou n'est hélas pas devenu érotique ni sexuellement attirant. « Une panne » reste littéralement une panne, un manque, un écart avec la norme virile.

Il y a toutefois quelque chose de frappant dans l'impuissance, et précisément dans cette expression : comment est-il possible de « bander mou », ou pour le dire autrement, comment est-il possible de se raidir mollement ?

Plus qu'un oxymore ou qu'une défaillance, plus qu'une entorse aux normes sémantiques ou physiologiques, « bander mou » réussit le tour de force de signifier que l'on bande mal, pas assez, moins bien, en deçà de la moyenne, mais surtout de révéler que la mollesse peut bander ! En renversant la perspective, on pourrait dire que ce n'est pas l'érection qui échoue mais le mou qui triomphe.

Ce renversement n'a rien de cosmétique, il ne suffit pas seulement de changer de point de vue, comme on déplacerait une caméra sur nos ébats. Il est décisif, car bander mou découvre la force que détient la mollesse. Face à l'érection, dure et franche, affichant pouvoir, action et conquête, mais risquant à tout moment de rompre ou de s'effondrer, l'impuissance se présente moins comme une absence de puissance que comme une contre-puissance, solide, souterraine, invincible.

Puissance alternative qui révèle nos schémas et nous déconcerte, la mollesse déjoue également son propre schéma : elle n'appartient ni à un genre ni à une sexualité, ni au féminin ni au masculin, elle touche au contraire tous les corps, érigeant sur son autel des contre-modèles : des mecs qui bandent mal et des filles qui ne servent pas qu'à faire bander. Si la mollesse est bien pétrie de normes, elle les travaille sans cesse, en réveille d'autres.

On aurait tort, toutefois, d'y voir une force révolutionnaire capable de modifier radicalement et définitivement nos représentations sexuelles, car celle-ci ne se décide pas. On ne décide pas de bander mou. Au contraire, être mou, c'est faire avec cette mollesse qui surgit et c'est alors proposer, imaginer, esquisser des alternatives : de la tendresse, de la langueur, des caresses.

Rien, donc, de très révolutionnaire… et quelque chose, *a priori*, d'ennuyeux. Mais n'est-ce pas le lot commun, «normal», puisqu'on y revient, de toute sexualité devenue quotidienne ? qu'elle soit un peu molle ? pas toujours engagée, pas si active que ça ? qu'elle bande mou ?

8

Le charme discret d'une serviette-éponge

La mollesse a beau être décriée, rejetée, fuie ou suspectée, elle est pourtant quotidienne, intime, s'inscrivant dans nos corps à fleur de peau. Tout est d'ailleurs une question d'épiderme avec elle : le glabre d'un poulpe, la pulpe d'un steak, la pâte gonflée d'un beignet, le visqueux de l'abject, l'affaissement de nos chairs et nos ébats lascifs…

Le mou est d'abord une affaire de phénoménologie, il se donne à travers des phénomènes, au sein d'expériences vécues, même lorsque celui-ci est presque imperceptible. Une caresse rapide, une poignée de main, un gâteau moelleux, le toucher d'un tissu sont autant d'expériences ordinaires de la mollesse sur lesquelles on n'ouvre pas les yeux. Ce n'est pas que le mou est alors déconsidéré, rejeté ou méprisé, mais qu'il est tout simplement tombé dans le domaine de la routine, qu'il fait partie du quotidien.

Prêter attention à ces manifestations sourdes et invisibles de la mollesse ne revient donc pas à célébrer le mou, mais plus subtilement à regarder, à écouter et à s'étonner de ce que l'on ne regardait plus et qui ne suscitait plus rien en nous.

Parmi les nombreux gestes et objets quotidiens, on peut dire, sans prendre de risques, que s'essuyer les mains dans une serviette en fait bien partie. Qui fait attention à cette action ? Qui y voit un enjeu ? Une réjouissance ? Personne. Certes, l'absence d'essuie-mains pourra en déranger certains, mais la plupart feront avec, se frottant les doigts sur leur pantalon et oubliant l'incident qui n'en était pas un.

C'est pourtant oublier le plaisir qu'il y a à palper l'éponge d'une serviette, à s'enfouir les mains dans la douceur du tissu moelleux. « Je te manifeste ma satisfaction par mille poignées de mains, des deux mains, par un pétrissage familier dont je sors les mains si parfaitement plus nettes, plus lisses et plus chaleureusement irriguées », pourrait-on dire à la manière du poète Francis Ponge, chaque fois que l'on retrouve sa « chère serviette-éponge »[1] :

> Chère serviette-éponge, ta poésie ne m'est pas plus cachée que celle de tout autre objet aussi habituel ou plus rare. Il y a longtemps que j'ai fait le projet de

1. Francis Ponge qui, dans son poème « Le pain », également dans le recueil *Le Parti pris des choses* (1942), ne manifeste pas la même tendresse à l'égard de la mollesse de la mie : « La surface du pain est merveilleuse d'abord à cause de cette impression quasi panoramique qu'elle donne [...] – sans un regard pour la mollesse ignoble sous-jacente. Ce lâche et froid sous-sol que l'on nomme la mie a son tissu pareil à celui des éponges : feuilles ou fleurs y sont comme des sœurs siamoises soudées par tous les coudes à la fois. »

> m'occuper de toi, sans doute parce que je m'en veux de me servir quotidiennement de toi, quasi machinalement et sans y prendre garde, puis de te rejeter ou de te laisser retomber sur ton support comme si tu ne m'étais de rien.
> Il me faut aujourd'hui réparer cette injustice.
> Lorsque je te saisis sur ton support, chère serviette-éponge, bien sèche et bien rugueuse, et longue et large juste assez, sans être trop lourde ni encombrante, pour que je sois sûr de perdre, par un contact énergique avec toi, toute l'eau ou l'humidité qui m'embarrasse sans te laisser pourtant trop gorgée et pantelante toi-même pour que je ne te retrouve bonne à servir au même emploi après le repos de quelques heures que mes occupations par ailleurs t'accordent, c'est un plaisir pour moi que le contact de ton tissu familier[1].

Ce poème dit tout de la mollesse machinale, disqualifiée, plaisante, familière, amicale, compagne journalière, la mollesse devenue ordinaire, de celle qui se loge dans les objets les plus invisibilisés ou dans nos gestes les plus banals. Le mou n'est pas seulement incorporé, ingéré, intégré à nos existences, il est aussi, à la manière du poulpe qui hante les esprits des travailleurs de la mer de Hugo, une puissance fantôme qui habite notre quotidien.

La serviette s'en fait le révélateur : quoi de plus mou qu'une serviette ? Quoi de plus informe ? Censée nous nettoyer, finaliser, du moins, le dispositif du soin, elle

1. Francis Ponge, « La serviette-éponge », dans *Le Parti pris des choses*, 1942.

n'en est pas moins le dépôt de nos saletés, susceptible de pourrir d'humidité, polluée par nos miasmes. À la fois présente et discrète, familière et étrangère (peu de gens, je crois, pourraient se définir par l'amour de leur serviette), douce et rugueuse, réelle et singulière, elle manifeste la puissance sourde du mou.

Tel un socle, celui-ci n'agit pas comme un élément qui nous soumet, qui amoindrit nos forces et nous met K-O, il se fait bien au contraire le réceptacle, l'appui, le soutien de nos existences. La mollesse est une peau qui nous protège et nous accueille. Puissante, elle ne prétend pas pour autant détenir ou exercer un pouvoir. Ne s'affichant pas, se faisant toute petite, elle est tout simplement là, en deçà, offrant une autre voie que celle de l'affirmation, de l'activité et de la conquête, claire et nette. Un peu comme une serviette…

III

POLITIQUE DU MOU

1

Antonin Caracalla, le chef politique qui méprisait la mollesse

«Redressement», «réforme», «planification», «objectifs», «start-up», il suffit de jeter un coup d'œil au vocabulaire de tout responsable politique pour s'apercevoir que la mollesse, sans même être nommée, est la cible numéro un de leurs programmes. C'est qu'elle ne se contente pas de déranger ou d'inquiéter, elle incarne à elle seule la dérive de nos démocraties.

À bas les assistés, vive les entrepreneurs ! Non à l'apathie, oui à la reprise (de l'économie, d'une entreprise ou du trafic) ! Car il s'agit toujours de «reprendre», et non seulement de recommencer, mais de reprendre comme on reprend les enfants après une bêtise, de refaire, de recadrer, de restructurer et de réorganiser... comme si, telle une grande entreprise en faillite, comme si, telle une famille en décomposition, les États semblaient condamnés à un perpétuel effondrement contre lequel il fallait lutter.

Machiavel, qui se voulait conseiller du prince, l'avait bien compris. Pour être un bon chef politique, il ne suffit pas de conquérir le pouvoir, il s'agit de le garder avec fermeté. Et pour cela, il n'est pas tant besoin de livres que d'une expérience de terrain, d'être allé sur le front, d'avoir fait la guerre.

Pour Machiavel, un bon chef politique est d'abord un chef militaire, capable d'allier la férocité du lion à la ruse du renard… Quoique la férocité prenne souvent le pas sur la ruse, en témoigne cet exemple de l'empereur romain Antonin Caracalla (188-217) : « Antonin fut homme qui avait des parties tout à fait excellentes et qui le rendaient admirable aux yeux des peuples et cher aux soldats ; car c'était un militaire, tout à fait endurci à toute fatigue, méprisant toute nourriture délicate et toute autre mollesse, ce qui le faisait aimer de toute l'armée[1]. »

Plus lion que renard, plus féroce que rusé, Caracalla est l'emblème de la virilité au pouvoir, de celui qui sait « tenir » ses hommes. Un « dur », comme on dit. Dans la tête de Caracalla, « fatigue » et « nourriture délicate », c'est du pareil au même : de la « mollesse ». Et Machiavel d'en tirer une identification entre la faiblesse physique et le goût esthétique. Avoir du goût trahirait l'alanguissement du corps, un manque de persévérance et de poigne qu'on imagine tout autant physique que psychique.

C'est d'ailleurs ce que confirme Machiavel dès qu'il aborde la « matière militaire », « seul art qui convienne à qui commande » : « [L'art militaire] a une telle vertu que non seulement il maintient ceux qui sont nés princes, mais souvent fait monter à ce rang les hommes de condition privée ; et inversement, on

1. Machiavel, *Le Prince*, 1532, chap. XIX.

voit que quand les princes ont pensé aux plaisirs plus qu'aux armes, ils ont perdu leurs États[1]. »

L'analyse est implacable, sans appel, logique. Gouverner n'est pas une question de goût et encore moins de plaisir. C'en serait même l'exact opposé. Les traductions de l'italien entretiennent d'ailleurs ce flottement sémantique : *delicatezze* (soit littéralement « gourmandises ») ou *delicatezza* (soit, en toute transparence, « délicatesse ») sont tout aussi bien rendus par « plaisir » ou « mollesse », comme si l'un et l'autre étaient équivalents.

Est mou celui qui a du goût et apprécie les plaisirs, donc. Car celui-ci ne prend pas seulement le risque de perdre le contrôle, celui de relâcher son corps et de l'exposer aux dangers, mais également celui de s'étourdir l'esprit et de se détourner d'enjeux sérieux. Est mou celui qui, en fin de compte, fait preuve d'un manque de gouvernement de soi, ce qui ne pose pas qu'un problème moral, mais aussi un problème politique.

Machiavel reconduit ainsi une vision classique du pouvoir comme gouvernement. Gouverner consisterait à traiter de « vrais sujets » (expression devenue désormais un élément de langage) et non de sujets privés, frivoles et sensuels, à se comporter de manière sévère, dure et austère à l'égard de ses propres penchants.

Pour le dire autrement, Machiavel reconduit certes une vision classique, mais également problématique, de ce qu'est une bonne gestion politique : pourquoi la politique devrait-elle mettre de côté le plaisir, part pourtant indéniable de nos existences ? Pourquoi

1. *Ibid.*, chap. XIV.

savoir se gouverner soi-même serait-il la garantie d'une bonne gouvernance des autres ? Et enfin, pourquoi la politique prendrait-elle nécessairement la forme d'un « gouvernement » ?

La mollesse découvre nos présupposés politiques : un dirigeant mou serait nécessairement un mauvais dirigeant, ou du moins un dirigeant suspect (nous reviendrons sur le cas de François Hollande dans quelques pages). Pourtant, parce que la « fatigue », les « plaisirs » et le goût pour « la nourriture délicate » sont convoqués dans les pages de Machiavel, on est en droit de se demander pourquoi un chef politique qui se rendrait coupable de telles mollesses ne serait pas avant tout un dirigeant faisant preuve d'humanité.

Poursuivant sa description d'Antonin, remarquable par ses qualités militaires, Machiavel rappelle quand même la suite de l'histoire : « Néanmoins, sa férocité et cruauté furent si grandes et si inouïes, pour avoir, après une infinité de meurtres particuliers, tué une grande partie du peuple de Rome et celui d'Alexandrie tout entier, qu'il devint parfaitement odieux à tout le monde ; et il commença à être craint même de ceux qui l'entouraient : de sorte qu'il fut tué par un centurion au milieu de son armée[1]. »

À quoi aurait ressemblé la destinée de Caracalla si, malgré tout, il avait été un peu mou ? Il ne serait certainement pas mort ! Ou du moins, pas dans ces conditions. Ironie de l'histoire, ce qui l'a élevé dans les sphères du pouvoir est donc aussi ce qui l'a fait chuter.

---

1. Machiavel, *Le Prince*, chap. XIX.

Et de là apparaît tout autant que la dureté et la sévérité la nécessité de la délicatesse, de la gourmandise et même de la fatigue lorsqu'on est à la tête d'un État.

D'une part, parce que ces caractéristiques sont des traits humanistes qui rendent un chef attentif à la place des plaisirs dans une société où l'on entend vivre mais, aussi, bien vivre ; et, d'autre part, parce que ce sont des traits qui rendent un chef « sensible ». Le mot est important car il souligne la valeur politique de la mollesse non pas comme laisser-aller ou absence de maîtrise mais comme capacité de discernement, comme acuité ou ruse, pour reprendre un concept cher à Machiavel.

Un être sensible, il faut le souligner, n'est pas forcément un individu plein de sensiblerie, débordé par ses propres émotions, il peut aussi se présenter comme une personne lucide, déployant en contrepoint à des politiques austères et grossières des relations fondées sur la sollicitude. Ajoutez à cela la question du goût, puisque Machiavel fait bien mention de « nourriture délicate », et vous obtiendrez le portrait d'un chef politique que certains diraient mou, mais que je qualifierais, pour ma part, de « doux », à même de proposer une organisation moins rigide et plus raffinée, moins hiérarchique et plus égalitaire.

Si on pousse la logique jusqu'au bout, la mollesse ne serait donc pas juste révélatrice de toute la dimension problématique de notre conception du pouvoir, elle serait aussi une porte de sortie à nos préjugés politiques. Moins dur, plus mou, un chef politique semble décloisonner notre conception ordonnée des affaires publiques comme le gouvernement de quelques-uns sur tous les autres. Mais qu'en est-il justement de ces autres, nous, les citoyens sujets à la mollesse ?

Si la maîtrise de soi n'est pas nécessairement la condition pour bien gouverner, être mou peut-il faire de moi un bon citoyen ? Pour Machiavel, assurément : non. De bons sujets, remarque-t-il, sont des sujets armés, en pleine possession de leurs moyens, quand les individus ou les États faibles, vaincus, désarmés, dépossédés seraient « mous et efféminés ». Encore une fois, et même quand on est seulement un « gouverné », mieux vaut donc bander dur qu'être impuissant ou « efféminé ».

Au-delà de l'éternel argument anti-féminin qui se retrouve jusque dans la mollesse, étiqueter des sujets mous comme de mauvais sujets a pourtant quelque chose d'étonnant. Alors que l'on s'attendrait à envisager un sujet idéal comme un bon petit soldat, docile, passif, tourné vers lui-même, et donc facile à gouverner, Machiavel promeut la figure d'un citoyen armé, dynamique, engagé, mais potentiellement zélé et dangereux. C'est que l'auteur du *Prince* ne démord pas de sa condamnation de la mollesse, au point de la voir encore ici comme le signe d'une « ingouvernabilité ».

Car un citoyen mou, et c'est ce que Machiavel ne supporte pas, est un individu qui échappe à l'œil du pouvoir. Loin d'être une proie facile et docile, il est bien plutôt insaisissable, se dérobant non seulement au contrôle des dispositifs politiques, mais refusant également, sans même le revendiquer, de jouer le jeu de l'État. Et si, à rebours des critiques politiques de la mollesse, être mou était alors une voie vers l'émancipation ?

2

La charge de Montesquieu contre l'air chaud

> «Mon rap n'est pas trop dur, c'est toi qui es mou.»
> BOOBA, «B2Oba», sur *0.9*, 2008.

La mollesse serait-elle émancipatrice ? Une telle hypothèse a de quoi surprendre. Il n'y a, c'est vrai, rien de plus contre-intuitif que de la percevoir ainsi, et cela même quand on la pratique avec amour, régulièrement et consciencieusement. L'acharnement, pourtant, qu'il y a à la condamner comme une tare ou un danger le prouve bien : quelque chose en elle suscite l'inquiétude voire la panique, notamment chez les théoriciens politiques.

Coupable d'affaiblir les individus mais aussi de les détourner de leur devoir de citoyens ou de dirigeants, elle est révélatrice des dysfonctionnements de nos organisations sociales et politiques. Le principe de l'austérité, la structure hiérarchique, l'organisation gouvernementale ou encore l'engagement des citoyens, tout ce qui façonne notre conception du pouvoir est mis en péril, mais avant tout remis en question par la mollesse.

Bien après Machiavel, Montesquieu en a dénoncé à son tour les effets néfastes dans le champ législatif, à ceci près que sa critique va prendre appui non pas sur des actions politiques… mais des données météorologiques.

Dans *De l'esprit des lois*, le philosophe a pour projet de penser l'établissement de bonnes lois. Pour ce faire, nous dit-il, il ne faut pas seulement s'appuyer sur de grands concepts métaphysiques et universels, mais aussi tenir compte du contexte, de la culture du pays, de son régime politique, de sa géographie et de son histoire, ainsi que de son climat. C'est la fameuse « théorie des climats » qui ouvre le livre XIV de *De l'esprit des lois*, dans lequel Montesquieu distingue les tempéraments et les mœurs des sujets en fonction de la température qu'il fait. « L'air froid, assure-t-il, resserre les extrémités des fibres extérieures de notre corps ; cela augmente leur ressort, et favorise le retour du sang des extrémités vers le cœur. Il diminue la longueur de ces mêmes fibres ; il augmente donc encore par là leur force. L'air chaud, au contraire, relâche les extrémités des fibres, et les allonge ; il diminue donc leur force et leur ressort[1]. » Ne cherchez pas les mots « mou », « mollesse » ou « ramolli » dans les trente et un livres de *De l'esprit des lois*, vous ne les trouverez pas. Vous en décèlerez, en revanche, l'esprit. Car cet « air chaud » qui détend les corps, diminue les forces et

1. Montesquieu, *De l'esprit des lois*, livre XIV, 1748.

les ressorts, est bien le principe d'une mollesse et d'une malléabilité intellectuelle :

> La chaleur du climat peut être si excessive que le corps y sera absolument sans force. Pour lors, l'abattement passera à l'esprit même ; aucune curiosité, aucune noble entreprise, aucun sentiment généreux ; les inclinations y seront toutes passives ; la paresse y sera le bonheur ; la plupart des châtiments y seront moins difficiles à soutenir que l'action de l'âme ; et la servitude moins insupportable que la force d'esprit qui est nécessaire pour se conduire soi-même.

Après les bains chauds de Rousseau, c'est à l'air chaud que s'en prend Montesquieu ! Ce qui mérite d'être doublement discuté.

La première objection est l'excès déterministe de cette théorie « physicaliste ». À le lire, le climat serait la cause physique de tout, ce qui explique l'état social, le régime politique et la législation d'un pays, mais ce qui semble aussi rendre impossible toute émancipation des individus. À cette objection faite par ses contemporains, Montesquieu a lui-même répondu : son propos n'était pas de constater le triomphe des facteurs physiques sur les caractères et les lois, mais au contraire de former le « triomphe perpétuel de la morale sur le climat, ou plutôt, en général sur les causes physiques ».

Une seconde objection, pourtant, n'a jamais été faite au penseur : celle du lien qu'il opère entre air chaud, mollesse et servitude. Que l'air chaud nous engourdisse est une chose, mais qu'il nous prédispose à la servitude, c'en est une autre. On imagine que, là encore, le philosophe aurait pu défendre sa théorie, arguant du fait que l'emprise des causes physiques s'estompe au fur et à mesure que la civilisation croît. Ou soutenant, pour le dire clairement, que la mollesse n'est pas une fatalité.

Toutefois, le présupposé à l'œuvre dans cette théorie des climats, et en particulier de l'air chaud, mérite d'être interrogé : la mollesse est-elle véritablement le lit de la servitude ? Et inversement, la réactivité, l'éveil et des « ressorts bien tendus » sont-ils forcément un rempart contre notre asservissement ? Un certain nombre d'exemples prouvent pourtant le contraire : la servitude volontaire, soit le fait de consentir activement à son propre esclavage ; le militantisme ultra-engagé qui s'entête à soutenir des principes aveugles à la réalité ; ou encore, le succès du populisme qui mise sur la ferveur de ses partisans.

Cette facilité à lier dans une relation de cause à effet la mollesse des nerfs et des esprits à la servitude est donc étonnante. La mollesse, on l'a dit, n'est pas une surdité à l'égard du monde, inconsciente du cours des choses, elle sait aussi se faire condition d'exercices spirituels et faculté de discernement. Elle a beau être le signe extérieur d'un laisser-aller, elle n'est pas celui d'un enchaînement.

Il faut insister sur ce cliché qui veut qu'être mou aurait valeur de blanc-seing à toutes les dérives autoritaires. Il y a ici une méconnaissance certaine des mécanismes des régimes tyranniques et despotiques dont les excès de pouvoir sont dus à ceux qui le détiennent, et non à ceux qui y sont soumis et ne l'ont pas « bien cherché ».

Mais il y a surtout une méconnaissance de l'individu mou, de ce qui le meut malgré son absence criante de mouvement. Devenons l'espace d'un instant cet individu cloué sur son canapé : l'abandon dont je fais preuve est-il une démobilisation totale ? Parce que je préfère regarder Netflix, suis-je pour autant d'accord avec l'idée d'être entièrement pris en charge par un pouvoir supérieur et tutélaire, pour abdiquer ma liberté ? Loin d'avoir envie d'être recadré, redressé et dirigé, l'individu mou a davantage envie d'être tranquille, libre, tout à lui-même.

Montesquieu, revenons à lui, affirme encore dans ce livre de *De l'esprit des lois* que les châtiments et la servitude seraient plus supportables sous le soleil, nos nerfs et nos tempéraments ramollis par les effets de la chaleur. Mais, au contraire, celui qui a goûté aux délices de la mollesse ne devrait pas être près d'y renoncer. Mou un jour, mou toujours, envers et contre tout.

L'individu mou, à rebours de nos préjugés et de ceux de Montesquieu, n'est pas un sujet comme les autres, un sujet littéralement assujetti, il est un sujet au sens augmenté du terme : doué d'une subjectivité, il entend bien s'y laisser aller. C'est en cela qu'il échappe au contrôle et à la direction d'un gouvernement. C'est en cela qu'il détient une force émancipatrice. Son indépendance le rend, plus que tout autre, potentiellement dangereux… et condamnable par quiconque a une idée bien arrêtée et austère du pouvoir.

3

« Ça va, pas trop dur en ce moment ? »

Mercredi 11 novembre 2020, commémorations de l'armistice de 1918 : l'ancien président de la République François Hollande jette à son successeur, Emmanuel Macron, alors en pleine crise du Covid, cette petite phrase : « Ça va, pas trop dur en ce moment ? » Ironie ? bienveillance ? humiliation ? Peu importe l'intention, elle a en tout cas été marquante. Et pas seulement parce qu'un ancien président est sorti du cadre protocolaire et a lancé une pique à son ancien protégé, mais parce qu'elle est sortie de la bouche d'un chef politique… lui-même jugé mou.

François Hollande voulait pourtant être un « président normal » (selon les slogans de sa campagne en 2012). Hélas, il a très vite été ravalé au rang de « président de la mollesse ». À croire que la normalité veut qu'on soit mou… et qu'on chute dans le domaine du flan, puisque telle a été la principale caricature de François Hollande, surnommé « Flanby », en référence, faut-il le rappeler, à ce dessert lacté bien connu, fait de lait gélifié et de caramel à faire couler soi-même.

Retour de notre tradition de caricaturiste[1] ou relent de théories physiognomonistes éculées déduisant de l'aspect physique d'une personne sa personnalité, le mal avait été fait et la cristallisation avait eu lieu : François Hollande n'était pas seulement un président au ventre mou, mais il incarnait la politique du ventre mou. En témoignent d'ailleurs les qualificatifs qui ont marqué les cent premiers jours de son mandat («permissif», «indulgent», «attentiste»), derrière les critiques classiques de la droite à l'égard d'un élu de gauche a pris forme la critique contemporaine de la mollesse.

Quand, le 11 novembre 2020, François Hollande a donc lâché son «Ça va, pas trop dur en ce moment ?», le «dur» a ainsi résonné autrement, au-delà du contexte des grèves, de la crise des gilets jaunes ou de l'épidémie mondiale. Car quoi de plus dur que le dur… si ce n'est le mou? Quoi de plus dur qu'une politique intransigeante si ce n'est une politique «laxiste»? Car c'est bien ce qui est revenu régulièrement (notamment avec le motif du flan) durant le mandat de François Hollande : l'accusation de laxisme.

«Laxisme» – un argument et un terme dont on ne sait plus, à force d'être répétés, ce qu'ils désignent. Combien de fois avez-vous entendu ce mot lâché dans des débats

1. On peut citer sur ce point les caricatures de Louis-Philippe Ier en poire par Charles Philipon : restées célèbres, les poires du dessinateur ont fait l'objet d'un procès en 1831 opposant, d'un côté, l'offense faite à la personne du roi, et de l'autre, la liberté de la presse. Depuis, la poire n'est pas seulement devenue, dans l'argot populaire, l'imbécile, mais aussi le symbole de l'immobilisme et de la mollesse.

politiques ou à propos de l'éducation de vos enfants ? Si vous êtes député, professeur ou parent, que vous êtes en désaccord et que vous voulez taper juste, dites «laxiste», ce simple mot aura valeur de condamnation totale et suffira à voir se liquéfier votre interlocuteur.

Paradoxalement, l'accusation de laxisme ne se relâche donc jamais, pour sa part. Elle répond toujours présente, droite dans ses bottes, jamais faillible. Et pourtant, à force de la brandir, veut-elle encore dire quelque chose ? C'est l'autre paradoxe de cette accusation de laxisme : elle a beau être constante, son sens, lui, reste extrêmement lâche. Car, à part pointer une forme de « relâchement », elle est tout aussi vague et flottante que le laxisme auquel elle s'en prend.

L'étiquette «laxiste» vogue ainsi de la démobilisation radicale à l'engagement fade, en passant, et c'est peut-être son point de mire, à l'excès de tolérance. Un laxiste sera d'abord vu comme une personne trop tolérante. Mais là encore, le terme n'est pas anodin. Car le tolérant n'est pas seulement celui qui tolère, malgré tout, d'autres comportements que le sien, il est aussi celui qui endure et encaisse.

À la différence de l'intolérant, qui est dans le rejet franc et absolu (ne dit-on pas d'ailleurs que l'on est intolérant quand on est allergique ?), le tolérant n'accepte pas, il adhère encore moins, mais il laisse faire. Et moins par manque de résolution ou ouverture d'esprit que par renoncement sain à une forme d'ingérence. Pour le dire autrement, celui qui tolère choisit le laxisme à l'intervention, fait preuve d'une grande force, celle de s'empêcher.

En cela, le laxisme et la tolérance n'ont rien d'entreprises molles. Il suffit de convoquer quelques grandes figures philosophiques de la tolérance (Voltaire ou Spinoza) pour comprendre à quel point le parti pris de la mollesse n'a paradoxalement rien de mou. Car il s'agit de s'engager dans le laisser-faire, dans la non-ingérence, dans l'absence d'intervention. Il s'agit de faire avec, ce qui rend l'individu laxiste et tolérant coupable de ne pas se positionner, de ne pas être identifiable.

Souvenez-vous : à l'époque de François Hollande, ce n'était pas le « en même temps » qui était à la mode, mais le « ni-ni » (ni de gauche ni de droite). Un président mou n'est ni clair ni net. Pas transparent. À l'inverse de politiques dures et autoritaires, où l'on sait à quoi s'attendre et à qui on a affaire, où l'on sait ce à quoi on se confronte et ce qu'on affronte, la politique de la mollesse est une politique qui se liquéfie, nous échappe, glisse entre les mains et ne se fixe jamais.

C'est peut-être une faiblesse, un défaut sur lequel taper à raison, mais c'est aussi une force. Dureté paradoxale, le mou, en politique, n'est pas seulement insaisissable, suspect de déborder d'un côté plus que d'un autre, il est inerte, lancé dans un mouvement qu'il ne pourra arrêter. Le mou résiste, le mou persiste, le mou s'obstine. En cela, il est plus dur que le dur !

Le flan, dès lors, n'a plus rien de la référence anecdotique, car à la fois ferme et fondant, résistant et juteux, il représente parfaitement ce qui se maintient coûte que coûte, tout en menaçant de basculer de manière imprévisible. Il incarne une figure en bonne et due forme d'un certain mode d'engagement politique. Au point qu'on devrait presque en venir à demander : « Ça va, pas trop mou en ce moment ? »

4

« Ne se prononce pas », ou la méthode du retrait

François Hollande nous ferait-il préférer la mollesse résolue à l'activité stérile ? la résistance flasque à l'autorité vaine ? l'inertie indifférente à l'agitation inconstante ? Dans ces temps où chacun est sommé d'avoir un avis et de donner son opinion, d'attribuer des notes et d'évaluer chaque service, chaque lieu visité, chaque programme et candidat télévisé, à notre époque où le monde entier est censé adorer débattre à tout bout de champ, il est en effet tentant de fuir et de ne pas se prononcer.

Ce qui n'est pas une mince affaire, à la fois parce qu'il existe cette injonction à se prononcer sur tout et sur n'importe quoi, et parce qu'il semble normal, avant même de se prononcer, d'avoir une petite idée sur ce tout et ce n'importe quoi, quelque chose qui nous fait pencher plus d'un côté ou de l'autre. Il est rare d'envisager cette possibilité qui, je pense, est cependant la plus répandue : celle de ne pas savoir.

La sommation à devoir parler de tout, tout en étant accusé de parler sans savoir, est l'un des paradoxes de notre époque. Comment faire savoir que l'on ne sait pas ? Comment assumer que l'on ne veut pas et que l'on ne peut pas prendre parti ? Ni revendication ni mutisme, la mollesse pourrait bien être la solution à ce dilemme contemporain.

À l'instar du flan, mi-ferme mi-fondant, la mollesse incarne bien cette troisième voie. Mais encore faut-il s'entendre sur ce parti pris tout en relâchement, car il y a bien deux manières de ne pas se prononcer quand nous voici sommés de donner notre avis.

Il y a d'abord la prise de position indifférente : résolument paradoxale, elle consiste à s'engager dans le désengagement, autrement dit à revendiquer son désintérêt, sa position extérieure par rapport au sujet abordé. «Je m'en fous», «ça m'intéresse pas» ou un «c'est cool» détaché sont autant de ses manifestations, indiquant moins une forme d'humilité qu'une résistance snob. Clamée haut et fort, cette mollesse nous place dans une posture de surplomb, voire de mépris, à l'égard des autres et de leurs préoccupations jugées accessoires.

Il y a ensuite le choix, tout aussi paradoxal, du «consensus mou». Terriblement critiqué (ne dit-on pas «consensus mou» à propos de tout accord ne satisfaisant personne mais convenant à tout le monde ?), ce type de conciliation a l'intérêt d'aller à rebours de la conception antagonistique, polémique et contradictoire du débat politique, chacun devant jouer son rôle dans une discussion (le mec de droite, le boomer, la féministe relou, etc.). Beaucoup moins mou qu'il n'y paraît, le consensus mou renverse l'idée qu'on se fait actuellement de ce à quoi devrait ressembler un débat, préférant à l'échange incarné, vain et sans issue, la délibération dépersonnalisée qui porte au moins quelques fruits.

Ces deux options dévoilent les avantages à être mou dès qu'on est pris dans les filets de la discussion politique sans fin, qu'il s'agisse d'une soirée entre amis, d'un dimanche en famille ou d'un débat télévisé. Ici, la mollesse n'est plus disqualifiée comme un excès par défaut ou comme un extrême en creux, elle représente véritablement un choix : celui de la résistance, optant pour le «non» de rigueur – ponctuant d'ailleurs le discours de préfixes en *non-* (exemples : c'est un «non-débat», c'est «non essentiel», etc.) – ou celui de la modération.

Retrait et modération sont ainsi les deux nuances à la disposition de l'être mou. Reste à déterminer si celles-ci, si valorisantes et positives soient-elles, ont une quelconque efficacité politique. Prenons, par exemple, le premier cas, celui du retrait (nous reviendrons à celui de la modération dans la partie suivante) : en quoi se retirer, c'est-à-dire s'exclure de l'espace public et en refuser le jeu, peut-il être une position valable ?

La «méthode du retrait» n'est pas sans rappeler la valeur du «non» clamé par Albert Camus[1] ou la

1. «Qu'est-ce qu'un homme révolté ? Un homme qui dit non. Mais s'il refuse, il ne renonce pas : c'est aussi un homme qui dit oui, dès son premier mouvement.» (Albert Camus, *L'Homme révolté*, 1951.)

non-violence prônée par Gandhi. Le rapprochement peut paraître capillotracté, mais un citoyen qui préfère s'abstenir (par exemple de voter) n'est pas forcément un mollusque, il est peut-être un sage non violent qui s'oppose au jeu institutionnel, tout autant légitime qu'un militant aveuglé ou qu'un lecteur de Gandhi. Certes, la non-violence est une théorie fondée sur des principes, qui s'explicite, se transmet et se pratique, mais entre l'inertie d'un non-violent et l'inertie d'un individu vautré, la différence est-elle si frappante ?

« La non-violence est la plus grande force que l'humanité ait à sa disposition. [...] Elle est plus puissante que l'arme la plus destructrice inventée par l'homme », affirme Gandhi, dans *Tous les hommes sont frères.* Et s'il était possible de dire la même chose de la mollesse ? Repensez au flan laxiste et tolérant ou au poulpe qui inquiète et terrorise les humains à sa vue... Le retrait ou la non-participation ne sont-ils pas une arme de destruction similaire ? Il suffit pourtant de voir la panique sur les visages des acteurs et commentateurs politiques quand tombent au fur et à mesure des élections les chiffres de l'abstention.

Réduits dans un premier temps à des enfants gâtés et égoïstes, qui préfèrent rester chez eux plutôt que de prendre cinq minutes pour mettre un bulletin dans une urne, les abstentionnistes désormais en nombre croissant obligent à les reconsidérer. Et si ces individus n'étaient pas des larves mais des citoyens en désaccord avec l'organisation du vote, et plus généralement, avec le système des élections ?

«Pour être efficace, souligne Gandhi, la non-violence suppose une volonté bien arrêtée d'accepter la souffrance[1].» Le parallèle entre la mollesse et la non-violence s'arrête ici, à ce point de la souffrance. Car la mollesse ne résonne en rien avec le fait de souffrir, elle est, au contraire, délicieuse, pure suspension indolente face au cours du monde. Son absence de souffrance ne la rend pourtant pas moins légitime. Elle ne vaut pas moins le coup !

Reprenons cette situation précise de l'abstention pour bien le comprendre. Pourquoi, alors que je suis inscrit sur les listes électorales, que le bureau de vote est à deux pas de chez moi, je ne me déplace pourtant pas ? Il suffit d'écouter les réponses de ceux qui ne votent pas pour le saisir : élections plus ou moins décisives, candidats peu désirables, thèmes de campagne déconnectés de la réalité, impression que «c'est toujours la même chose»… il n'est pas question de flemme ou d'avoir mieux à faire, mais de raisons beaucoup plus argumentées et profondes.

Le fameux «ça sert à rien» n'est jamais qu'une phrase gratuite, balancée à l'emporte-pièce. Ce n'est pas le fait de voter qui ne sert à rien, c'est celui de *ne pas* voter qui devient utile. Préférer se livrer aux délices de ne rien faire un dimanche d'élection ne repose pas sur l'indifférence totale des électeurs mais sur le manque d'intérêt des élections. De la même manière que certains usent de cette méthode du retrait dans le cas de débats qu'ils jugent stériles, le

1. Gandhi, *Tous les hommes sont frères*, 1990.

«non-vote» relève tout aussi bien de cette méthode qui consiste à agir en ne faisant rien.

On aurait tort de ne pas prendre au sérieux la mollesse de cet acte, bien plus résolue qu'un bulletin déposé sans conviction un dimanche à 18 h 46.

5

Vive les compétences molles

«Depuis la mollesse d'une éponge mouillée jusqu'à la dureté d'une pierre ponce, il y a des nuances infinies. Voilà l'homme.»

Honoré DE BALZAC,
La Peau de chagrin,
«L'agonie», 1831.

Passons maintenant à la modération.

Vendredi soir : vous avez décidé avec vos amis de visionner un film. Une fois la projection finie, vous voici à discuter, débattre, produire une critique collective du long-métrage. Et d'un implacable «j'ai pas aimé» à «j'ai adoré», vous parvenez à préciser votre jugement esthétique. Qu'est-ce qui m'a plu, qu'est-ce que j'ai détesté, quelle expérience en ai-je eue, quel sentiment a prédominé (ennui, stupeur, rires ou colère), la discussion avançant, les échanges s'intensifiant, vous mettez des mots ou apportez progressivement des nuances à ce qui n'était au départ qu'un avis sans appel.

C'est en général le cas de n'importe quel débat autour d'un film ou d'une série. Souvent les avis divergent, mais, surtout, votre propre avis diverge, votre jugement s'affinant au fur et à mesure de la conversation ou influencé par les arguments de vos interlocuteurs… si bien qu'en fin de conversation, et même si celle-ci a été mouvementée, votre critique prendra une tournure plus nuancée. Plus molle. « Je suis d'accord, c'est vrai, ce film n'est pas si nul » ou « Ah tu vois, j'avais pas vraiment tort ». *In fine*, chacun des participants, y compris les exaltés, pourra y trouver son compte et vous serez parvenus, tous ensemble, à une synthèse convenable : « Finalement, ce film était bien mais pas top. »

Dans ce cas-là, comment caractériser ce qui vient de se produire ? Avez-vous, à force de modération, atteint un consensus mou, ou avez-vous fait collectivement preuve de mollesse, influençable et incapable que vous êtes de vous démarquer par un avis tranché ? Chaque consensus obtenu laisse planer ce doute sur la modération. Montesquieu lui-même l'avait souligné : « La modération est l'âme des gouvernements. J'entends celle qui est fondée sur la vertu ; non pas celle qui vient d'une lâcheté et d'une paresse de l'âme[1]. » Pratique vertueuse ou vice de l'âme, la modération est-elle une alternative valable pour justifier sa mollesse ?

Rien de plus mou que l'injonction à la modération, devenue désormais un élément de langage rebattu

1. Montesquieu, *De l'esprit des lois*, livre III, 1748.

dans notre quotidien : on boit avec modération, on mange avec modération, on achète avec modération, bref, on consomme avec modération, sans oublier la fameuse modération en ligne, sur les réseaux sociaux où l'on nettoie le Web de ses déchets et de ses excès. La modération préconisée face à des conduites dangereuses relève du premier sens donné par Montesquieu : la vertu. Ne parle-t-on pas d'ailleurs de « pratiques vertueuses » pour désigner tous ces nouveaux gestes à dimension écologique misant sur la sobriété (l'autre nom de la modération) ?

Au-delà de ce surgissement problématique de la morale dans l'espace public, on est en droit de se demander en quoi cette modération-vertu ne serait pas elle aussi une forme de paresse ou de lâcheté. L'opposition que propose Montesquieu a ainsi quelque chose d'artificiel : qui serait capable de faire la part entre celui qui consomme volontairement avec modération et celui qui le fait parce qu'il est naturellement sobre ? entre ce qui relève des effets d'une bonne délibération et le lâcher-prise des intervenants fatigués de discuter ?

Entre la bonne modération et la mauvaise modération, entre la sobriété vertueuse et la vicieuse mollesse, la distinction n'est pas véritablement opérante. Et l'on est souvent modéré moins par réflexion éthique que par un mouvement naturel et spontané. La plupart du temps, et quel que soit le domaine, nous n'avons pas d'avis fermes, pas d'habitudes radicales. Peu importe que l'époque soit à la polémique ou aux comportements à risque, les conversations et nos gestes ordinaires échappent à cette caricature. Nous conduisons nos vies au jour le jour, de manière beaucoup plus nuancée que ne le laissent supposer ces injonctions à bien se tenir.

La position médiane, moyenne, modérée, « bof », ni pour ni contre, est sans doute alors la plus répandue parmi nos modes de vie. Nos opinions ne sont pas toutes tranchées, si tant est que nous ayons des opinions sur tous les sujets ; nos pratiques ne sont, en général, pas extrêmes ; nos relations ont beau connaître des hauts et des bas, elles sont, le plus souvent, stabilisées, pour ne pas dire monotones. Peu de choses sortent du cadre et nos existences oscillent entre le juste milieu et le milieu-moyen, s'épanouissant dans le mitigé et le tiède.

Pour le dire autrement, nos vies sont en général consensuellement molles. Non qu'elles ne méritent pas d'être vécues, qu'elles soient dépourvues d'intérêt ou de grands moments, mais elles dérogent peu à la règle. Sommes-nous tous vertueux pour autant ? Non. Des lâches et des paresseux ? Non plus. Mais la mollesse, pour peu qu'on l'envisage autrement, en est bien la dimension essentielle. C'est pourquoi cette expression péjorative de « consensus mou » a de quoi surprendre : parvenir à un accord n'a rien de critiquable, c'est le lot quotidien de toute personne vivant en société et avec elle-même.

On ne fait que s'adapter, s'harmoniser ou se réconcilier, pris dans la mécanique des jours qui se suivent et se ressemblent inexorablement. Et étonnamment, c'est le management qui a su se saisir de cette mollesse à l'œuvre dans nos interactions. C'est en effet à lui que l'on doit la notion de *soft skills* ou « compétences molles», soit ces compétences relationnelles, par opposition aux *hard skills* ou «compétences dures» dans lesquelles sont rangées des capacités techniques, permettant par exemple de manier les outils informatiques et souvent sanctionnées par des diplômes.

Intelligence de terrain, aptitudes interpersonnelles, capacité d'adaptation ou encore esprit d'équipe, sont autant de *soft skills*, molles à la fois par les tâches qu'elles concernent (quoi de plus nébuleux que des «aptitudes interpersonnelles»?) et parce qu'elles ne sont jamais acquises une fois pour toutes. Il faut alors reconnaître au management d'avoir su repérer ces dispositions floues, vagues, inconsistantes, mais pourtant bien réelles et nécessaires pour tout travail en équipe; le remercier aussi d'assumer, avec ce terme, l'importance de la mollesse au quotidien.

Le remercier sans trop en faire non plus, car la part de *bullshit* dans cette affaire de *soft skills* est indéniable : de *soft* ces compétences n'ont souvent que le nom, et derrière cette valorisation du mou se cachent l'acharnement à la flexibilité et l'exploitation en douceur. Facile, en effet, de reprocher à un employé de manquer de compétences molles quand il est impossible de savoir à quoi elles correspondent (même si ce serait une première dans l'histoire du travail de reprocher à quelqu'un de ne pas être assez mou!).

Élevée au rang de compétence, la mollesse perd de son charme et de sa dissidence. Car quel plaisir, quelle originalité et quel engagement reste-t-il à la pratiquer si être mou devient une ligne de plus sur son CV?

6

Classe moyenne / classe molle ?

«J'viens d'la terre du milieu où y a plein de p'tits vieux
Où l'chômage et la tisane forment un cercle vicieux
Où on critique les invités qui viennent de partir
C'est pas qu'on est lent, c'est qu'on
prend notre temps pour réfléchir
J'viens d'la classe moyenne, moyennement classe
Où tout l'monde cherche une place,
Julien Clerc dans l'monospace
J'freestylais dans ma tête sur le bruit
des essuie-glaces
Y a la pluie en featuring dans toutes
mes phrases.»

ORELSAN, «La pluie»,
sur *La fête est finie*, 2017.

Et si la mollesse n'était pas une cause désespérée mais inespérée ? Inespérée par tout ce qu'elle ouvre comme nouvelles perspectives politiques : remise en cause du gouvernement, importance des plaisirs et du corps, affirmation de sa subjectivité, capacité à résister, parti pris du désengagement, ou encore valorisation de l'interaction. Loin de nous rendre inattentifs, de nous déconnecter du collectif ou de nous y noyer, jouir de sa mollesse (au lieu de s'en culpabiliser) remet en question ce que l'on croyait être la manière admise et normale de s'engager.

Car s'engager dans la société, et plus particulièrement dans la politique, n'est pas forcément être actif, convaincu, vindicatif. On exclut trop souvent tout ce qui se joue en sous-main, dans notre for intérieur, de manière sourde et inconsciente, quand nos opinions se forment à la manière de rêveries, que nos choix se forgent en souterrain et que notre position s'affine dans l'indicible. On a pourtant trop tendance à croire que l'individu qui se laisse aller à la mollesse ne pense rien et n'agit pas. Seuls les actes devraient compter. Et si ceux-là sont forts, marqués, tranchés, c'est encore mieux. Mais que penser de nos vies qui, chaque jour, s'écoulent mollement sans que l'on y pense ?

La mollesse apparaît alors comme un élan sûr et protecteur. Sans parler des coups de mou en tant que tels, des bulles de liberté, des îlots préservés, des temps d'arrêt salvateurs où se construit en douceur le sens de nos existences. Aucune promesse de perfectionnement n'est en jeu, simplement le vœu d'une alternative. Or, quoi de mieux que la mollesse qui ne coûte rien, qui n'est réservée à aucun privilégié, qui s'offre à toutes et à tous, pour se sentir bien, s'offrir une échappée et, peut-être, reconsidérer notre place dans le monde ?

Alexis de Tocqueville (puisqu'on a commencé avec lui, finissons à ses côtés !), je le rappelle, s'alarmait de cette mollesse qui rend médiocre, attiédit les passions et mitige nos engagements. Dans un discours qu'il a tenu à l'Assemblée nationale le 27 janvier 1848, en tant que député de la Manche, le voici qui infléchit pourtant les grandes lignes de son analyse qu'il tenait une dizaine d'années auparavant. Ce qui l'inquiète désormais, c'est moins la mollesse résolue que l'agitation vaine, c'est moins la perspective d'un despotisme qui « fixe irrévocablement [les hommes] dans l'enfance » que l'horizon chaotique de l'avenir :

> Je ne sais si je me trompe, mais il me semble que l'état actuel des choses, l'état actuel de l'opinion, l'état des esprits en France, est de nature à alarmer et à affliger. [...] Je crois que je puis en appeler à tous ceux qui m'écoutent, et que tous me répondront qu'une impression analogue subsiste ; qu'un certain malaise, une certaine crainte a envahi les esprits ; que, pour la première fois peut-être depuis seize ans, le sentiment, l'instinct de l'instabilité, ce sentiment précurseur des révolutions, qui souvent les annonce, qui quelquefois les fait naître, que ce sentiment existe à un degré très grave dans le pays.

Comment, en ce mois de janvier 1848 (et à l'aube de la « révolution française de 1848 »), Tocqueville a-t-il perçu, et avec raison, que la menace ne résidait plus tant dans le ramollissement des passions politiques que dans leur durcissement ? Entre les deux dangers démocratiques qu'il avait décelés – d'un côté, la tyrannie qui endort la masse, et de l'autre l'anarchie qui excite et divise –, Tocqueville a pourtant basculé : mieux vaut redouter l'instabilité que l'apathie de nos mœurs. Ce tournant est crucial, d'autant plus qu'il est d'une actualité bluffante.

Alors que la mollesse des individus reste, encore aujourd'hui, unanimement condamnée comme une désaffection du champ politique, les craintes se situent désormais plus sérieusement à l'inverse, du côté du durcissement des positions politiques. Radicalisation, clivages, extrémisation, fractures, à la manière de Tocqueville, l'inquiétude ne porte plus sur l'uniformisation apathique des individus mais sur ce qu'on appelle désormais leur « séparatisme » politique. De quoi regretter l'époque de l'apathie et du relâchement… et peut-être de quoi découvrir la nécessité de la mollesse ?

Eh bien, pourquoi pas ? Tocqueville ne dit évidemment pas cela. Mais il fait pourtant référence au pouvoir crucial de la classe moyenne, cette classe qu'il jugeait auparavant massive, floue et molle :

> Si je jette un regard attentif sur la classe qui gouverne, sur la classe qui a des droits et sur celle qui est gouvernée, ce qui s'y passe m'effraie et m'inquiète. Et pour parler d'abord de ce que j'ai appelé la classe qui gouverne, et remarquez bien que je ne compose pas cette classe de ce qu'on a appelé improprement de nos jours la classe moyenne mais de tous ceux qui, dans quelque position qu'ils soient, qui usent des droits et s'en servent […], je dis que ce qui existe dans

> cette classe m'inquiète et m'effraie. Ce que j'y vois, je puis l'exprimer par un mot : les mœurs publiques s'y altèrent [...] ; de plus en plus aux opinions, aux sentiments, aux idées communes, succèdent des intérêts particuliers, des visées particulières, des points de vue empruntés à la vie et à l'intérêt privés.

Pour Tocqueville, tout le problème vient précisément de cette classe qu'il se refuse à continuer d'appeler « classe moyenne ». C'est qu'à ses yeux cette classe qui a des droits et devrait plus s'en servir n'a rien de « moyen ». Ni tiède ni médiocre, ni homogène ni alanguie, elle détient, au contraire, en elle la solution au problème qu'elle soulève. Elle a le devoir, selon lui, de se faire entendre d'une seule et même voix, de cultiver ses mœurs publiques, d'incarner l'intérêt commun et la morale politique.

L'éveil que cherche à susciter Tocqueville est donc paradoxal : voyant dans cette classe moyenne le remède au mal qu'il repère, il refuse toutefois de la nommer ainsi. L'adjectif « moyen » n'est pourtant pas si négatif : même tiède, même médiocre, même uniforme, cette classe est moyenne, précisément parce qu'elle est au milieu, précisément parce qu'elle occupe une position centrale, à même de changer la donne.

Plus qu'au milieu, la classe moyenne occupe un « juste milieu », ce point médian, d'équilibre et de prudence, tant vanté par les penseurs antiques mais que ceux-là refusaient pourtant de percevoir dans la mollesse. Trop extrême pour ces penseurs qui la voyaient comme un excès par défaut, trop au milieu pour les penseurs modernes qui la voient comme un défaut d'excès, elle est, contre toute attente, la clé, le remède et non le mal.

Mais encore une fois, cette frilosité à nommer les choses ! Encore une fois, cette répugnance à voir la mollesse triompher ! « Tout plutôt qu'être mou », semble signifier cette pirouette s'offusquant du terme « classe moyenne ». Il est pourtant temps, encore maintenant, de redorer ce moyen et de déceler toutes les nuances du médiocre, du tiède et du mitigé.

Il est l'heure de refaire une place à ce qui se tient au milieu, à ce qui ne revendique pas d'être « en même temps » mais de se tenir dans un entre-deux. N'était-ce pas d'ailleurs le souhait de Tocqueville, de maintenir à distance les extrêmes ? C'est en tout cas la promesse de la mollesse : refuser les extrêmes, n'avoir aucun trait saillant, aucune flèche à tirer. Et c'est le pouvoir du mou : répondre présent sans jamais pouvoir être récupéré.

CONCLUSION

Si vous lisez ces lignes, c'est que vous êtes parvenu, après tous ces chapitres, à faire face à votre mollesse. Si vous ne lisez pas ces lignes, c'est qu'au contraire vous avez su y succomber. Bravo ! Moi-même, à l'heure d'écrire ces dernières pages, me voici prise d'une irrésistible envie de faire bien autre chose. Car oui, pourquoi faire ça plutôt que rien ?

Les conclusions jouent toujours ce sale rôle : reprendre ce qui a été dit pour y ajouter *in extremis* une « ouverture »... Elles sont souvent en trop, à la fois pour le lecteur et celui qui les écrit. Malgré tout, je vais pourtant docilement m'exécuter. Moins par bonne que par mauvaise conscience, puisque ce qui vous vaut cette conclusion est tout bêtement un oubli, pour ne pas dire une faiblesse (mollesse ?) de ma part.

Évidemment, mille choses, références, chansons, œuvres, expressions, m'ont échappé, mais deux en particulier m'ont semblé manquer : la première, cette citation de Voltaire dans son poème « Le mondain » de 1736 :

> J'aime le luxe, et même la mollesse,
> Tous les plaisirs, les arts de toute espèce,

La propreté, le goût, les ornements :
Tout honnête homme a de tels sentiments.

Il faut reconnaître à Voltaire qu'il est un des rares à avoir affirmé un tel amour pour la mollesse et qu'il mérite, pour cela, d'être nommé. Même au dernier moment. Sans doute était-ce là moins le signe de son affection pour celle-ci, que celui de son goût pour la provocation, dans un siècle où les débats sur le faste et le gaspillage étaient déjà d'actualité et où il était de bon ton de critiquer Jean-Jacques Rousseau, chef de file de la sobriété d'antan.

Toutefois – et c'est pour cette raison que je tenais à le citer –, pourquoi avoir ajouté ce «même»? Sûrement une question de métrique, mais tout de *même* : «J'aime le luxe et *même* la mollesse»... Un «j'aime la mollesse» aurait suffi, mais, que voulez-vous, déclarer une telle chose suppose toujours de l'audace. «Je vais jusqu'à dire que j'aime la mollesse», «J'ose l'affirmer», semble nous dire Voltaire, de son petit air désinvolte.

Quant à moi, j'ose espérer qu'après cette lecture parler de mollesse ne vous paraîtra pas audacieux mais assez banal, un pan de notre vie quotidienne, routinière, et néanmoins essentiel. Quant à la seconde et dernière chose que j'ai oublié de mentionner : l'incontournable poignée de main molle. Évidemment. Mais qu'en dire si ce n'est ce que vous avez déjà en tête et ce que vous ressentez de dégoût rien qu'en y pensant ? J'aurais peut-être dû commencer par là, par cette grimace écœurée et sceptique (celle-là même que l'on fait quand on voit un ado avachi sur son lit), mais ici s'achève ce propos, dans une ultime poignée, donc, de main molle.

REMERCIEMENTS

Mes premiers remerciements vont à Adèle Van Reeth, qui a su repérer mon amour pour la mollesse, le ménager, tout en me donnant la chance et la force d'en sortir le temps de l'écriture de ce livre.

Merci à Muriel Beyer qui a cru dans ce projet, Dana Burlac et Flandrine Raab pour leur écoute, leurs conseils et leurs relectures précises. À Sandrine Treiner qui m'a laissé la liberté d'en faire un sujet (presque) quotidien tous les matins à 8 h 50.

Merci, enfin, à mes amis qui ne me voient pas comme quelqu'un de mou, mes parents qui m'ont laissée l'être, et bien sûr à Simone et à Jean qui déteste le mot «vautré».

Table

III
POLITIQUE DU MOU

PAPIER CERTIFIÉ

Le Livre de Poche s'engage pour l'environnement en réduisant l'empreinte carbone de ses livres. Celle de cet exemplaire est de :
250 g éq. CO_2
Rendez-vous sur
www.livredepoche-durable.fr

Composition réalisée par Lumina Datamatics, Inc.

Achevé d'imprimer en France par
CPI BUSSIÈRE (18200 Saint-Amand-Montrond)
en avril 2024
N° d'impression : 2077639
Dépôt légal 1re publication : mai 2024
Édition 01 - avril 2024
LIBRAIRIE GÉNÉRALE FRANÇAISE
21, rue du Montparnasse – 75298 Paris Cedex 06

40/3974/6